La LPAC XXL

Esta LPAC XXL pertenece a:

NOMBRE:

RED SOCIAL:

TELÉFONO:

La LPAC XXL

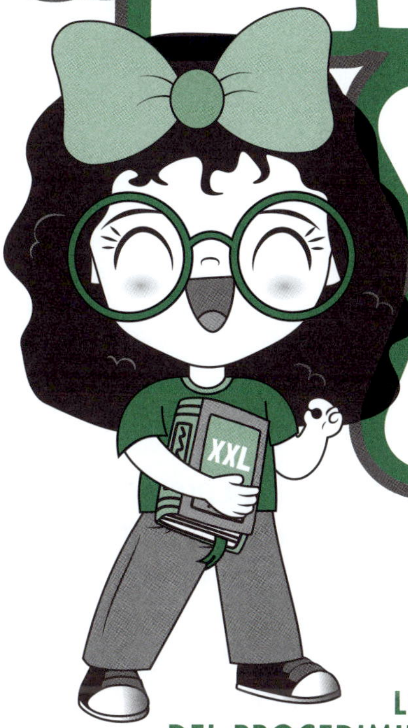

LEY 39/2015, DE 1 DE OCTUBRE,
DEL PROCEDIMIENTO ADMINISTRATIVO COMÚN
DE LAS ADMINISTRACIONES PÚBLICAS.

VICENTE VALERA
CINTHIA MOURE

Martina

tecnos

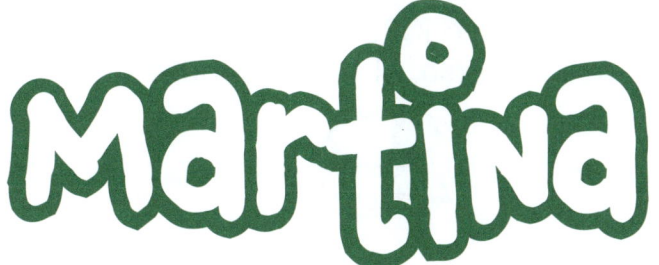

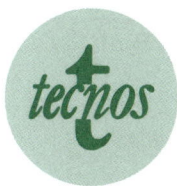

Diseño de cubierta:
Cinthia Moure

1.ª edición, septiembre 2025
(edición cerrada en julio 2025)

© De la idea y adaptación de la Ley, VICENTE VALERA, 2025
© De las ilustraciones interiores, CINTHIA MOURE, 2025
© EDITORIAL TECNOS (GRUPO ANAYA, S. A.), 2025
Valentín Beato, 21 - 28037 Madrid

PAPEL DE FIBRA
CERTIFICADA

ISBN: 978-84-309-9339-0
Depósito Legal: M-15713-2025

Printed in Spain

Índice

TÍTULO
PRELIMINAR

00

Disposiciones generales

ARTÍCULO 1
OBJETO DE LA LEY

1. La presente Ley tiene **por objeto regular** los **requisitos** de **validez** y **eficacia** de los actos administrativos, el **procedimiento administrativo común** a todas las Administraciones Públicas, incluyendo el **sancionador** y el de **reclamación de responsabilidad** de las Administraciones Públicas, así como los **principios** a los que se ha de ajustar el ejercicio de la **iniciativa legislativa** y la **potestad reglamentaria**.

2. Solo mediante ley, cuando resulte **eficaz**, **proporcionado y necesario** para la consecución de los fines propios del procedimiento, y de **manera motivada**, podrán **incluirse trámites adicionales o distintos** a los contemplados en esta Ley. **Reglamentariamente** podrán establecerse **especialidades del procedimiento** referidas a los **órganos competentes**, **plazos propios** del concreto procedimiento por razón de la materia, **formas de iniciación y terminación**, **publicación** e **informes a recabar**.

ARTÍCULO 2
ÁMBITO SUBJETIVO DE APLICACIÓN

1. La presente Ley se aplica al **sector público**, que **comprende**:

A) La Administración General del Estado. **(AGE)**

B) Las Administraciones de las Comunidades Autónomas. **(CCAA)**

C) Las Entidades que integran la Administración Local. **(EELL)**

D) El sector público institucional. **(SPI)**

2. El **sector público institucional** se **integra** por:

A) Cualesquiera **organismos públicos** y Entidades de Derecho **Público vinculados o dependientes de las Administraciones Públicas**.

B) Las **entidades de derecho privado vinculadas o dependientes de las Administraciones Públicas**, que quedarán sujetas a lo dispuesto en las normas de esta Ley que **específicamente se refieran** a las mismas, y **en todo caso**, cuando ejerzan **potestades administrativas**.

C) Las **Universidades públicas**, que se regirán por su **normativa específica** y **supletoriamente** por las **previsiones** de **esta Ley**.

Notas:
....
....
....
....
....

3. **Tienen la consideración** de **Administraciones Públicas** la Administración General del Estado, las Administraciones de las Comunidades Autónomas, las Entidades que integran la Administración Local, **así como** los **organismos públicos y Entidades de Derecho Público** previstos en la **letra *a)* del apartado 2** anterior.

4. Las **Corporaciones de Derecho Público** se **regirán** por su **normativa específica** en el ejercicio de las **funciones públicas** que les hayan sido **atribuidas por Ley o delegadas** por una Administración Pública, **y supletoriamente** por la **presente Ley**.

CINTHIA MOURE

INTERESADOS

TÍTULO
01

De los interesados
en el procedimiento

CAPÍTULO I

LA CAPACIDAD DE OBRAR Y EL CONCEPTO DE INTERESADO

ARTÍCULO 3
CAPACIDAD DE OBRAR

A los efectos previstos en esta Ley, **tendrán capacidad de obrar** ante las **Administraciones Públicas**:

A) Las **personas físicas o jurídicas** que ostenten capacidad de obrar **con arreglo** a las **normas civiles**.

B) Los **menores** de **edad** para el ejercicio y defensa de aquellos de sus derechos e intereses cuya actuación esté **permitida** por el ordenamiento jurídico **sin** la asistencia de la persona que ejerza la patria potestad, tutela o curatela. **Se exceptúa** el supuesto de los **menores incapacitados**, **cuando** la extensión de la incapacitación afecte al ejercicio y defensa de los derechos o intereses de que se trate.

C) Cuando la **Ley** así lo declare **expresamente**, los **grupos** de **afectados**, las **uniones** y **entidades sin personalidad jurídica** y los **patrimonios independientes** o **autónomos**.

ARTÍCULO 4
CONCEPTO DE INTERESADO

1. Se consideran **interesados** en el **procedimiento administrativo**:

A) Quienes lo promuevan como titulares de derechos o intereses legítimos individuales o colectivos.

B) Los que, sin haber iniciado el procedimiento, tengan derechos que puedan resultar afectados por la decisión que en el mismo se adopte.

C) Aquellos cuyos intereses legítimos, individuales o colectivos, puedan resultar afectados por la resolución y se personen en el procedimiento en tanto no haya recaído resolución definitiva.

2. Las **asociaciones y organizaciones representativas** de intereses económicos y sociales serán titulares de **intereses legítimos** colectivos en los términos que **la Ley** reconozca.

3. Cuando la condición de interesado **derivase** de alguna **relación jurídica transmisible**, el **derecho-habiente sucederá en tal condición** cualquiera que sea el estado del procedimiento.

Notas:

ARTÍCULO 5
REPRESENTACIÓN

1. Los **interesados con capacidad de obrar** podrán actuar por medio de **representante**, **entendiéndose con este** las actuaciones administrativas, salvo manifestación expresa en contra del interesado.

2. Las **personas físicas** con capacidad de **obrar y** las **personas jurídicas**, siempre que ello esté **previsto en sus Estatutos**, **podrán actuar en representación de otras** ante las Administraciones Públicas.

3. Para formular **solicitudes**, **presentar declaraciones responsables o comunicaciones**, **interponer recursos**, **desistir de acciones y renunciar a derechos** en nombre de otra persona, **deberá acreditarse la representación**. Para los actos y gestiones de **mero trámite se presumirá** aquella representación.

4. La representación **podrá acreditarse** mediante **cualquier medio válido** en **Derecho** que deje constancia fidedigna de su existencia.

A estos efectos, **se entenderá acreditada** la representación realizada mediante **apoderamiento** *apud acta* **efectuado por comparecencia personal o comparecencia electrónica en la correspondiente sede electrónica**, o a través de la **acreditación de su inscripción** en el registro electrónico de apoderamientos de la Administración Pública competente.

5. El órgano competente para la tramitación del procedimiento **deberá incorporar** al expediente administrativo **acreditación** de la **condición** de **representante y de los poderes que tiene reconocidos** en dicho momento. El documento electrónico que acredite el resultado de la consulta al registro electrónico de apoderamientos correspondiente tendrá la **condición de acreditación** a estos efectos.

6. La **falta** o **insuficiente** acreditación de la representación **no impedirá** que **se tenga por realizado** el acto de que se trate, siempre que **se aporte aquella o se subsane** el **defecto** dentro del **plazo de 10 días** que deberá conceder al efecto el órgano administrativo, **o** de un plazo **superior** cuando las circunstancias del caso así lo requieran.

7. Las Administraciones Públicas **podrán habilitar con carácter general o específico** a personas físicas o jurídicas autorizadas **para** la **realización** de **determinadas transacciones electrónicas en representación de los interesados**. Dicha habilitación **deberá especificar** las **condiciones y obligaciones** a las que se comprometen los que así adquieran la condición de representantes, y **determinará** la **presunción de validez de la representación** salvo que la normativa de aplicación prevea otra cosa. Las Administraciones Públicas **podrán requerir**, en **cualquier momento**, la acreditación de dicha representación. No obstante, **siempre podrá comparecer el interesado por sí mismo** en el procedimiento.

ARTÍCULO 6
REGISTROS ELECTRÓNICOS DE APODERAMIENTOS

1. La Administración General del Estado, las Comunidades Autónomas y las Entidades Locales **dispondrán** de un **registro electrónico general de apoderamientos**, **en el que deberán inscribirse**, **al menos**, **los de carácter general otorgados** *apud acta*, **presencial o electrónicamente**, por quien ostente la condición de interesado en un procedimiento administrativo a favor de representante, para actuar en su nombre ante las Administraciones Públicas. **También deberá constar** el **bastanteo** realizado **del poder**.

En el **ámbito estatal**, este registro será el Registro Electrónico de Apoderamientos de la Administración General del **Estado**.

Los registros generales de apoderamientos **no impedirán la existencia de registros particulares** en cada Organismo donde se inscriban los poderes otorgados para la realización de trámites específicos en el mismo. **Cada Organismo podrá disponer de su propio registro electrónico** de apoderamientos.

2. Los registros electrónicos generales y particulares de apoderamientos pertenecientes a todas y cada una de las Administraciones, deberán ser **plenamente interoperables entre sí**, de modo que **se garantice su interconexión**, **compatibilidad informática**, así como la **transmisión telemática** de las solicitudes, escritos y comunicaciones que se incorporen a los mismos.

Los registros electrónicos generales y particulares de apoderamientos **permitirán comprobar válidamente** la representación de quienes actúen ante las Administraciones Públicas en nombre de un tercero, **mediante la consulta** a **otros registros administrativos similares**, al registro **mercantil**, de la **propiedad**, y a los **protocolos notariales**.

Los registros mercantiles, de la propiedad, y de los protocolos notariales **serán interoperables con los registros electrónicos generales y particulares de apoderamientos**.

3. Los **asientos** que se realicen en los registros electrónicos generales y particulares de apoderamientos deberán contener, al menos, la siguiente **información**:

A) Nombre y apellidos o la denominación o razón social, documento nacional de identidad, número de identificación fiscal o documento equivalente del **poderdante**.

B) Nombre y apellidos o la denominación o razón social, documento nacional de identidad, número de identificación fiscal o documento equivalente del **apoderado**.

C) **Fecha** de inscripción.

D) **Período** de tiempo por el cual se otorga el poder.

E) **Tipo de poder** según las facultades que otorgue.

Notas:

4. Los **poderes que se inscriban** en los registros electrónicos generales y particulares de apoderamientos deberán corresponder **a alguna** de las siguientes tipologías:

A) Un poder **general** para que el apoderado pueda actuar **en nombre del poderdante en cualquier actuación administrativa** y **ante cualquier Administración**.

B) Un poder para que el apoderado pueda actuar **en nombre del poderdante en cualquier actuación administrativa ante una Administración u Organismo concreto**.

C) Un poder para que el apoderado pueda actuar **en nombre del poderdante únicamente** para la realización de **determinados trámites especificados en el poder**.

(Párrafo anulado) ***NOTA: Ver STC 55/2018, de 24 de mayo.**

Cada Comunidad Autónoma aprobará los **modelos** de poderes inscribibles en el registro **cuando se circunscriba** a actuaciones ante su **respectiva Administración**.

5. El **apoderamiento** *apud acta* **se otorgará mediante comparecencia electrónica** en **la correspondiente sede electrónica** haciendo uso de los sistemas de firma electrónica previstos en esta Ley, o bien mediante **comparecencia personal** en las oficinas de asistencia en materia de registros.

6. Los poderes inscritos en el registro tendrán una **validez determinada máxima de 5 años a contar desde la fecha de inscripción**. En todo caso, en cualquier momento **antes** de la finalización de dicho plazo **el poderdante** podrá **revocar o prorrogar** el poder. Las **prórrogas** otorgadas por el poderdante al registro tendrán una validez determinada **máxima de 5 años** a contar **desde la fecha de inscripción**.

7. Las **solicitudes** de **inscripción** del poder, de **revocación**, de **prórroga** o de **denuncia** del mismo **podrán dirigirse a cualquier registro**, debiendo quedar inscrita esta circunstancia en el registro de la Administración u Organismo ante la que tenga efectos el poder y surtiendo **efectos desde la fecha en la que se produzca dicha inscripción**.

ARTÍCULO 7
PLURALIDAD DE INTERESADOS

Cuando en una solicitud, escrito o comunicación figuren **varios interesados**, las **actuaciones** a que den lugar **se efectuarán con el representante o el interesado** que expresamente hayan señalado, y, **en su defecto**, con el que figure en **primer término**.

ARTÍCULO 8
NUEVOS INTERESADOS EN EL PROCEDIMIENTO

Si durante la instrucción de un procedimiento que **no haya tenido publicidad, se advierte la existencia** de personas que sean **titulares de derechos o intereses legítimos y directos** cuya identificación resulte del expediente y que **puedan resultar afectados por la resolución** que se dicte, **se comunicará a dichas personas la tramitación del procedimiento**.

IDENTIFICACIÓN Y FIRMA DE LOS INTERESADOS EN EL PROCEDIMIENTO ADMINISTRATIVO

ARTÍCULO 9

SISTEMAS DE IDENTIFICACIÓN DE LOS INTERESADOS EN EL PROCEDIMIENTO

1. Las Administraciones Públicas **están obligadas** a **verificar la identidad** de los **interesados** en el procedimiento administrativo, **mediante la comprobación** de su **nombre y apellidos o denominación o razón social**, según corresponda, que consten en el Documento Nacional de Identidad o documento identificativo equivalente.

2. Los **interesados podrán identificarse electrónicamente** ante las Administraciones Públicas a través de los **sistemas siguientes**:

A) Sistemas basados en certificados electrónicos cualificados de firma electrónica expedidos por prestadores incluidos en la «Lista de confianza de prestadores de servicios de certificación».

B) Sistemas basados en certificados electrónicos cualificados de sello electrónico expedidos por prestadores incluidos en la «Lista de confianza de prestadores de servicios de certificación».

C) Cualquier otro sistema que las Administraciones Públicas consideren válido en los términos y condiciones que se establezca, siempre que **cuenten con un registro previo** como usuario que permita garantizar su identidad y previa comunicación a la Secretaría General de Administración Digital del Ministerio de Asuntos Económicos y Transformación Digital. Esta comunicación vendrá acompañada de una declaración responsable de que se cumple con todos los requisitos establecidos en la normativa vigente. De forma previa a la eficacia jurídica del sistema, habrán de transcurrir **2 meses** desde dicha comunicación, durante los cuales el órgano estatal competente por motivos de seguridad pública podrá acudir a la vía jurisdiccional, previo informe vinculante de la Secretaría de Estado de Seguridad, que deberá emitir en el plazo de **10 días** desde su solicitud.

Las **Administraciones Públicas deberán garantizar** que la utilización de **uno** de los sistemas previstos en las letras *a)* y *b)* **sea posible** para todo procedimiento, aun cuando se admita para ese mismo procedimiento alguno de los previstos en la letra *c)*.

Notas:

----

3. En relación con los sistemas de identificación previstos en la letra **c/** del apartado anterior, se establece la **obligatoriedad** de que los **recursos técnicos necesarios** para la **recogida**, **almacenamiento**, **tratamiento** y **gestión** de dichos sistemas se encuentren situados en **territorio de la Unión Europea**, y en caso de tratarse de **categorías especiales** de datos a los que se refiere el artículo 9 del Reglamento (UE) 2016/679, del Parlamento Europeo y del Consejo, de 27 de abril de 2016, relativo a la protección de las personas físicas en lo que respecta al tratamiento de datos personales y a la libre circulación de estos datos y por el que se deroga la Directiva 95/46/CE, en **territorio español**. En cualquier caso, los datos se encontrarán disponibles para su acceso por parte de las autoridades judiciales y administrativas competentes.

Los **datos** a que se refiere el párrafo anterior **no podrán ser objeto de transferencia** a un **tercer país u organización internacional**, con **excepción** de los que hayan sido objeto de una **decisión** de **adecuación** de la **Comisión Europea** o cuando así **lo exija** el **cumplimiento** de las **obligaciones internacionales asumidas** por el Reino de **España**.

4. En todo caso, la **aceptación de alguno** de estos sistemas por la **Administración General** del **Estado servirá** para **acreditar frente a todas** las Administraciones Públicas, salvo prueba en contrario, la identificación electrónica de los interesados en el procedimiento administrativo.

ARTÍCULO 10
SISTEMAS DE FIRMA ADMITIDOS
POR LAS ADMINISTRACIONES PÚBLICAS

1. Los interesados podrán firmar a través de **cualquier medio que permita acreditar** la **autenticidad** de la **expresión** de su **voluntad** y **consentimiento**, así como la **integridad** e **inalterabilidad** del **documento**.

2. En el caso de que los interesados optaran por relacionarse con las Administraciones Públicas a través de medios electrónicos, se considerarán **válidos a efectos de firma**:

A) Sistemas de **firma electrónica cualificada y avanzada basados** en **certificados electrónicos cualificados de firma electrónica** expedidos por prestadores incluidos en la «Lista de confianza de prestadores de servicios de certificación».

B) Sistemas de **sello electrónico cualificado y de sello electrónico avanzado basados** en **certificados electrónicos cualificados de sello electrónico** expedidos por prestador incluido en la «Lista de confianza de prestadores de servicios de certificación».

C) Cualquier otro sistema que las Administraciones Públicas consideren válido en los términos y condiciones que se establezca, siempre que **cuenten con un registro previo** como usuario que permita garantizar su identidad y previa comunicación a la Secretaría General de Administración Digital del Ministerio de Asuntos Económicos y Transformación Digital. Esta comunicación vendrá acompañada de una declaración responsable de que se cumple con todos los requisitos establecidos en la normativa vigente. De forma previa a la eficacia jurídica del sistema, habrán de transcurrir **2 meses** desde dicha comunicación, durante los cuales el órgano estatal competente por motivos de seguridad pública podrá acudir a la vía jurisdiccional, previo informe vinculante de la Secretaría de Estado de Seguridad, que deberá emitir en el plazo de **10 días** desde su solicitud.

Las **Administraciones Públicas deberán garantizar** que la utilización de **uno** de los sistemas previstos en las letras *a)* y *b)* **sea posible** para todos los procedimientos en todos sus trámites, aun cuando adicionalmente se permita alguno de los previstos al amparo de lo dispuesto en la letra *c)*.

3. En relación con los sistemas de firma previstos en la letra *c)* del apartado anterior, se establece la **obligatoriedad** de que los **recursos técnicos necesarios** para la **recogida**, **almacenamiento**, **tratamiento** y **gestión** de dichos sistemas se encuentren situados en **territorio de la Unión Europea**, y en caso de tratarse de **categorías especiales** de datos a los que se refiere el artículo 9 del Reglamento (UE) 2016/679, del Parlamento Europeo y del Consejo, de 27 de abril de 2016, en **territorio español**. En cualquier caso, los datos se encontrarán disponibles para su acceso por parte de las autoridades judiciales y administrativas competentes.

Los **datos** a que se refiere el párrafo anterior **no podrán ser objeto de transferencia** a un **tercer país u organización internacional**, con **excepción** de los que hayan sido objeto de una **decisión** de **adecuación** de la **Comisión Europea** o cuando así **lo exija** el **cumplimiento** de las **obligaciones internacionales** asumidas por el Reino de **España**.

4. Cuando así lo disponga **expresamente** la **normativa reguladora aplicable**, las Administraciones Públicas podrán **admitir** los **sistemas de identificación** contemplados en esta Ley **como sistema de firma** cuando **permitan acreditar** la **autenticidad de la expresión de la voluntad y consentimiento** de los interesados.

5. Cuando los interesados utilicen un **sistema de firma** de los **previstos** en **este artículo**, **su identidad se entenderá ya acreditada** mediante el **propio acto de la firma**.

ARTÍCULO 11
USO DE MEDIOS DE IDENTIFICACIÓN Y FIRMA EN EL PROCEDIMIENTO ADMINISTRATIVO

1. Con **carácter general**, para realizar cualquier actuación prevista en el procedimiento administrativo, **será suficiente** con que los interesados acrediten **previamente** su identidad a través de cualquiera de los medios de identificación previstos en esta Ley.

Notas:
_____
_____
_____
_____
_____
_____
_____
_____

2. Las Administraciones Públicas **solo requerirán** a los interesados el **uso obligatorio de firma para**:

A) **Formular solicitudes**.

B) **Presentar declaraciones responsables o comunicaciones**.

C) **Interponer recursos**.

D) **Desistir de acciones**.

E) **Renunciar a derechos**.

ARTÍCULO 12
ASISTENCIA EN EL USO DE MEDIOS ELECTRÓNICOS A LOS INTERESADOS

1. Las Administraciones Públicas **deberán garantizar** que los **interesados pueden relacionarse** con la Administración **a través de medios electrónicos**, para lo que pondrán **a su disposición** los **canales de acceso** que sean necesarios así como los **sistemas** y **aplicaciones** que en cada caso se determinen.

2. Las Administraciones Públicas **asistirán** en el uso de medios electrónicos a los **interesados no incluidos** en los apartados **2 y 3** del **artículo 14** que así **lo soliciten**, **especialmente** en lo referente a la **identificación y firma electrónica, presentación de solicitudes** a través del registro electrónico general y **obtención de copias auténticas**.

Asimismo, si alguno de estos interesados **no dispone** de los medios electrónicos necesarios, su identificación o firma electrónica en el procedimiento administrativo **podrá ser válidamente realizada por un funcionario público** mediante el uso del sistema de firma electrónica del que esté dotado para ello. En este caso, **será necesario** que el interesado que carezca de los medios electrónicos necesarios **se identifique** ante el funcionario y **preste su consentimiento expreso** para esta actuación, de lo que deberá quedar **constancia** para los **casos de discrepancia o litigio**.

3. La Administración General del Estado, las Comunidades Autónomas y las Entidades Locales mantendrán actualizado un registro, u otro sistema equivalente, **donde constarán los funcionarios habilitados** para la identificación o firma regulada en este artículo. Estos registros o sistemas deberán ser **plenamente interoperables** y estar **interconectados** con los de las restantes Administraciones Públicas, a los efectos de **comprobar** la **validez** de las citadas **habilitaciones**.

En este registro o sistema equivalente, **al menos**, constarán los **funcionarios** que presten servicios en las **oficinas de asistencia en materia de registros**.

@vcnvalera
@elsellodechinin

TÍTULO
02

De la actividad de las
Administraciones Públicas

NORMAS GENERALES DE ACTUACIÓN

ARTÍCULO 13

DERECHOS DE LAS PERSONAS EN SUS RELACIONES CON LAS ADMINISTRACIONES PÚBLICAS

Quienes de conformidad con el artículo 3, tienen capacidad de obrar ante las Administraciones Públicas, son titulares, en sus relaciones con ellas, de los siguientes derechos:

A) A **comunicarse** con las Administraciones Públicas a través de un **Punto** de **Acceso General electrónico** de la Administración.

B) A ser **asistidos** en el uso de **medios electrónicos** en sus relaciones con las Administraciones Públicas.

C) A utilizar las **lenguas oficiales** en el territorio de su Comunidad Autónoma, de acuerdo con lo previsto en esta Ley y en el resto del ordenamiento jurídico.

D) Al **acceso** a la **información pública**, **archivos** y **registros**, de acuerdo con lo previsto en la Ley 19/2013, de 9 de diciembre, de transparencia, acceso a la información pública y buen gobierno y el resto del Ordenamiento Jurídico.

E) A ser tratados con **respeto** y **deferencia** por las autoridades y empleados públicos, que habrán de **facilitarles** el **ejercicio** de sus derechos y el **cumplimiento** de sus obligaciones.

F) A **exigir** las **responsabilidades** de las Administraciones Públicas y autoridades, cuando así corresponda **legalmente**.

G) A la **obtención** y **utilización** de los **medios** de **identificación** y **firma** electrónica contemplados en esta Ley.

H) A la **protección** de **datos** de **carácter personal**, y **en particular** a la **seguridad** y **confidencialidad** de los **datos** que figuren en los ficheros, sistemas y aplicaciones de las Administraciones Públicas.

I) Cualesquiera otros que les reconozcan la Constitución y las leyes.

Estos derechos se entienden sin perjuicio de los reconocidos en el artículo 53 referidos a los interesados en el procedimiento administrativo.

Notas:

ARTÍCULO 14

DERECHO Y OBLIGACIÓN DE RELACIONARSE ELECTRÓNICAMENTE CON LAS ADMINISTRACIONES PÚBLICAS

1. Las **personas físicas** podrán **elegir en todo momento** si se comunican con las Administraciones Públicas para el ejercicio de sus derechos y obligaciones a través de **medios electrónicos o no**, salvo que estén obligadas a relacionarse a través de medios electrónicos con las Administraciones Públicas. El medio elegido por la persona para comunicarse con las Administraciones Públicas **podrá ser modificado** por aquella **en cualquier momento**.

2. En todo caso, **estarán obligados** a relacionarse a través de medios electrónicos con las Administraciones Públicas para la realización de cualquier trámite de un procedimiento administrativo, **al menos**, los siguientes sujetos:

A) Las personas **jurídicas**.

B) Las entidades sin **personalidad jurídica**.

C) Quienes ejerzan una **actividad profesional** para la que se requiera **colegiación obligatoria**, para los trámites y actuaciones que realicen con las Administraciones Públicas en ejercicio de dicha actividad profesional. En todo caso, dentro de este colectivo se entenderán incluidos los notarios y registradores de la propiedad y mercantiles.

D) Quienes **representen** a un **interesado** que esté **obligado** a relacionarse electrónicamente con la Administración.

E) Los **empleados** de las **Administraciones Públicas** para los **trámites** y **actuaciones** que realicen con ellas **por razón de su condición de empleado público**, en la forma en que se determine reglamentariamente por cada Administración.

3. Reglamentariamente, las Administraciones podrán establecer la obligación de relacionarse con ellas a través de medios electrónicos para **determinados procedimientos y** para **ciertos colectivos** de **personas físicas** que por razón de su **capacidad económica**, **técnica**, **dedicación** profesional u **otros** motivos quede acreditado que tienen acceso y disponibilidad de los medios electrónicos necesarios.

ARTÍCULO 15

LENGUA DE LOS PROCEDIMIENTOS

1. La lengua de los procedimientos tramitados por la **Administración General del Estado** será el **castellano**. No obstante lo anterior, los interesados que se dirijan a los órganos de la Administración General del Estado **con sede en el territorio** de una **Comunidad Autónoma** podrán utilizar también la lengua que sea **cooficial** en ella.

En este caso, el procedimiento se tramitará en la **lengua elegida por el interesado**. Si concurrieran **varios** interesados en el procedimiento, y existiera **discrepancia** en cuanto a la lengua, el procedimiento se tramitará en **castellano**, si bien los documentos o testimonios que requieran los interesados se expedirán en la lengua elegida por los mismos.

2. En los procedimientos tramitados por las Administraciones de **las Comunidades Autónomas** y de las **Entidades Locales**, el uso de la lengua se ajustará a lo previsto en la **legislación autonómica** correspondiente.

3. La Administración Pública **instructora** deberá **traducir al castellano** los documentos, expedientes o partes de los mismos que deban **surtir efecto fuera** del territorio de la Comunidad Autónoma **y los documentos dirigidos a los interesados** que así lo **soliciten expresamente**. Si debieran surtir efectos **en el territorio** de una Comunidad Autónoma donde sea **cooficial** esa misma lengua distinta del castellano, **no será precisa** su traducción.

ARTÍCULO 16
REGISTROS

1. Cada Administración dispondrá de un **Registro Electrónico General**, en el que se hará el correspondiente **asiento** de todo **documento** que **sea presentado** o que **se reciba** en cualquier órgano administrativo, Organismo público o Entidad vinculado o dependiente a estos. **También** se podrán anotar en el mismo, **la salida** de los documentos oficiales dirigidos a otros órganos o particulares.

Los **Organismos públicos vinculados** o dependientes de cada Administración **podrán** disponer de **su propio registro** electrónico plenamente **interoperable** e **interconectado** con el Registro Electrónico General de la Administración de la que depende.

El **Registro Electrónico General** de cada Administración funcionará como un **portal** que facilitará el acceso a los registros electrónicos de cada Organismo. Tanto el Registro Electrónico General de cada Administración como los registros electrónicos de cada Organismo **cumplirán** con las **garantías** y **medidas de seguridad previstas** en la **legislación** en materia de protección de **datos** de **carácter personal**.

Las disposiciones de creación de los registros electrónicos **se publicarán** en el **Diario oficial** correspondiente y su **texto íntegro** deberá estar disponible para consulta en la **sede electrónica** de acceso al registro. **En todo caso**, las **disposiciones** de creación de registros electrónicos **especificarán** el órgano o unidad responsable de su gestión, así como la fecha y hora oficial y los días declarados como **inhábiles**.

Notas:
_____
_____
_____
_____
_____
_____
_____
_____

En la **sede electrónica** de acceso a cada registro figurará la **relación actualizada de trámites** que pueden iniciarse en el mismo.

2. Los **asientos** se anotarán **respetando** el **orden temporal** de recepción o salida de los documentos, e indicarán la fecha del día en que se produzcan. **Concluido** el **trámite** de **registro**, los documentos serán **cursados sin dilación** a sus destinatarios y a las unidades administrativas correspondientes desde el registro en que hubieran sido recibidas.

3. El registro electrónico de cada Administración u Organismo **garantizará la constancia**, en cada asiento que se practique, de un **número**, **epígrafe expresivo de su naturaleza**, **fecha** y **hora** de su presentación, **identificación** del interesado, **órgano administrativo remitente**, si procede, y **persona u órgano administrativo al que se envía**, y, en su caso, **referencia** al contenido del documento que se registra. Para ello, **se emitirá automáticamente** un **recibo consistente en una copia autenticada del documento** de que se trate, incluyendo la **fecha y hora** de presentación y el **número de entrada de registro**, así como un recibo **acreditativo** de otros documentos que, en su caso, lo acompañen, que garantice la integridad y el no repudio de los mismos.

4. Los **documentos** que los **interesados dirijan** a los órganos de las Administraciones Públicas **podrán presentarse**:

- **A)** En el **registro electrónico de la Administración** u **Organismo** al **que se dirijan**, así como en los restantes registros electrónicos de cualquiera de los sujetos a los que se refiere el artículo 2.1.

- **B)** En las oficinas de **Correos**, en la forma que **reglamentariamente** se establezca.

- **C)** En las **representaciones diplomáticas** u **oficinas consulares** de España en el **extranjero**.

- **D)** En las **oficinas de asistencia en materia de registros**.

- **E)** En **cualquier otro** que establezcan las **disposiciones vigentes**.

Los registros electrónicos de **todas y cada una de las Administraciones, deberán ser plenamente interoperables**, de modo que **se garantice** su **compatibilidad informática** e **interconexión**, así como la **transmisión telemática** de los asientos registrales y de los documentos que se presenten en cualquiera de los registros.

5. Los documentos presentados de manera presencial ante las Administraciones Públicas, deberán ser digitalizados, de acuerdo con lo previsto en el artículo 27 y demás normativa aplicable, por la **oficina** de **asistencia** en **materia** de **registros** en la que hayan sido presentados para su incorporación al expediente administrativo electrónico, **devolviéndose los originales al interesado**, **sin perjuicio** de aquellos supuestos en que la norma determine la custodia por la Administración de los documentos presentados o resulte obligatoria la presentación de objetos o de documentos en un soporte específico no susceptibles de digitalización.

Reglamentariamente, las Administraciones podrán establecer la **obligación** de presentar **determinados documentos** por **medios electrónicos** para ciertos **procedimientos** y **colectivos** de personas físicas que, por razón de su capacidad económica, técnica, dedicación profesional u otros motivos quede acreditado que tienen acceso y disponibilidad de los medios electrónicos necesarios.

6. Podrán **hacerse efectivos** mediante **transferencia** dirigida a la oficina pública correspondiente **cualesquiera cantidades** que **haya que satisfacer** en el momento de la presentación de documentos a las Administraciones Públicas, sin perjuicio de la posibilidad de su abono por otros medios.

7. Las **Administraciones Públicas** deberán **hacer pública y mantener actualizada** una **relación** de las **oficinas** en las que se prestará **asistencia** para la **presentación electrónica** de documentos.

8. No se tendrán por presentados en el registro **aquellos** documentos e información **cuyo régimen especial establezca otra forma de presentación**.

ARTÍCULO 17
ARCHIVO DE DOCUMENTOS

1. Cada Administración deberá mantener un **archivo electrónico único** de los documentos electrónicos que correspondan a **procedimientos finalizados**, en los **términos** establecidos en la **normativa reguladora** aplicable.

2. Los **documentos electrónicos** deberán **conservarse** en un formato que permita **garantizar** la **autenticidad**, **integridad** y **conservación** del documento, así como su **consulta con independencia del tiempo transcurrido** desde su emisión. Se asegurará en todo caso la **posibilidad** de **trasladar** los **datos** a **otros formatos** y **soportes** que garanticen el **acceso** desde **diferentes aplicaciones**. La **eliminación** de dichos documentos deberá ser **autorizada** de acuerdo a lo dispuesto en la **normativa aplicable**.

3. Los **medios o soportes** en que se almacenen documentos, deberán contar con **medidas de seguridad**, de acuerdo con lo previsto en el **Esquema Nacional de Seguridad**, que garanticen la **integridad**, **autenticidad**, **confidencialidad**, **calidad**, **protección** y **conservación** de los documentos almacenados. **En particular**, asegurarán la **identificación** de los **usuarios** y el **control** de **accesos**, así como el **cumplimiento** de las **garantías** previstas en la legislación de **protección** de **datos**.

ARTÍCULO 18
COLABORACIÓN DE LAS PERSONAS

1. Las personas colaborarán con la Administración en los **términos previstos** en la **Ley** que en cada caso resulte aplicable, y **a falta de previsión expresa**, facilitarán a la Administración los **informes**, **inspecciones** y **otros actos de investigación** que requieran para el ejercicio de sus competencias, **salvo** que la **revelación** de la información solicitada por la

Notas:
_____
_____
_____
_____

Administración **atentara** contra el **honor**, la **intimidad personal o familiar** o supusieran la **comunicación de datos confidenciales** de terceros de los que tengan conocimiento por la prestación de servicios profesionales de diagnóstico, asesoramiento o defensa, sin perjuicio de lo dispuesto en la legislación en materia de blanqueo de capitales y financiación de actividades terroristas.

2. Los **interesados** en un procedimiento que **conozcan datos** que permitan **identificar** a otros interesados que no hayan comparecido en él tienen el **deber** de **proporcionárselos** a la Administración actuante.

3. Cuando las **inspecciones requieran** la **entrada** en el **domicilio** del afectado o en los restantes lugares que requieran autorización del titular, se estará a lo dispuesto en el **artículo 100**.

ARTÍCULO 19
COMPARECENCIA DE LAS PERSONAS

1. La **comparecencia** de las personas ante las oficinas públicas, ya sea presencialmente o por medios electrónicos, **solo** será **obligatoria** cuando así esté previsto en una **norma con rango de Ley**.

2. En los casos en que proceda la comparecencia, la correspondiente **citación** hará **constar expresamente** el lugar, **fecha**, **hora**, los **medios disponibles** y **objeto** de la comparecencia, así como los **efectos de no atenderla**.

3. Las Administraciones Públicas entregarán al interesado **certificación acreditativa** de la **comparecencia cuando así lo solicite**.

ARTÍCULO 20
RESPONSABILIDAD DE LA TRAMITACIÓN

1. Los **titulares** de las unidades administrativas y el **personal** al servicio de las Administraciones Públicas que tuviesen a su cargo la resolución o el despacho de los asuntos, serán **responsables directos** de su **tramitación** y **adoptarán** las **medidas oportunas** para **remover** los **obstáculos** que **impidan**, **dificulten o retrasen** el ejercicio pleno de los derechos de los interesados o el respeto a sus intereses legítimos, disponiendo lo necesario para evitar y eliminar toda anormalidad en la tramitación de procedimientos.

2. Los **interesados** podrán **solicitar** la **exigencia** de esa **responsabilidad** a la Administración Pública de que dependa el personal afectado.

ARTÍCULO 21
OBLIGACIÓN DE RESOLVER

1. La Administración está obligada a **dictar resolución expresa** y a **notificarla** en **todos** los procedimientos **cualquiera** que sea su **forma de iniciación**.

En los casos de **prescripción**, **renuncia** del derecho, **caducidad** del procedimiento o **desistimiento** de la solicitud, así como de **desaparición sobrevenida** del objeto del procedimiento, la resolución consistirá en la **declaración** de la **circunstancia** que concurra en cada caso, con **indicación** de los **hechos** producidos y las **normas aplicables**.

Se exceptúan de la obligación a que se refiere el párrafo primero, los supuestos de **terminación** del procedimiento por **pacto** o **convenio**, así como los procedimientos relativos al **ejercicio** de **derechos sometidos únicamente** al **deber** de **declaración responsable** o **comunicación** a la Administración.

2. El **plazo máximo** en el que debe **notificarse** la resolución expresa será el fijado por la **norma reguladora** del correspondiente procedimiento.

Este plazo **no podrá exceder** de **6 meses salvo** que una norma con rango de Ley establezca uno mayor o así venga previsto en el Derecho de la Unión Europea.

3. Cuando las normas reguladoras de los procedimientos **no fijen el plazo máximo**, este será de **3 meses**. Este plazo y los previstos en el apartado anterior se contarán:

A) En los procedimientos iniciados de **oficio**, desde la **fecha** del **acuerdo** de iniciación.

B) En los iniciados a solicitud del **interesado**, desde la fecha en que la **solicitud** haya tenido **entrada** en el registro electrónico de la Administración u Organismo competente para su tramitación.

4. Las Administraciones Públicas deben publicar y mantener actualizadas en el **portal web**, a efectos **informativos**, las **relaciones** de **procedimientos** de su competencia, con indicación de los **plazos máximos** de duración de los mismos, así como de los **efectos** que produzca el silencio administrativo.

En todo caso, las Administraciones Públicas **informarán a los interesados** del **plazo máximo** establecido para la resolución de los procedimientos y para la notificación de los actos que les pongan término, así como de los **efectos** que pueda producir el silencio administrativo. Dicha mención **se incluirá** en la **notificación o publicación** del acuerdo de iniciación de oficio, o en la **comunicación** que se dirigirá al efecto al interesado dentro de los **10 días siguientes** a la recepción de la solicitud iniciadora del procedimiento en el registro electrónico de la Administración u Organismo competente para su tramitación. En este último caso, la comunicación indicará además la fecha en que la solicitud ha sido recibida por el órgano competente.

Notas:

_____
_____
_____
_____
_____
_____
_____
_____

5. Cuando el **número** de las **solicitudes** formuladas o las personas afectadas **pudieran suponer un incumplimiento** del **plazo máximo** de resolución, el **órgano competente para resolver**, **a propuesta razonada** del órgano **instructor**, o el **superior jerárquico** del órgano competente para resolver, a propuesta de este, podrán **habilitar** los **medios** personales y materiales para **cumplir** con el despacho **adecuado** y en **plazo**.

6. El **personal** al servicio de las Administraciones Públicas que tenga a su cargo el despacho de los asuntos, así como los **titulares** de los órganos administrativos competentes para instruir y resolver son **directamente responsables**, en el ámbito de sus competencias del **cumplimiento** de la obligación legal de dictar resolución expresa en **plazo**.

El **incumplimiento** de dicha obligación dará lugar a la exigencia de **responsabilidad disciplinaria**, **sin perjuicio** de la que hubiere lugar de acuerdo con la normativa aplicable.

ARTÍCULO 22
SUSPENSIÓN DEL PLAZO MÁXIMO PARA RESOLVER

1. El transcurso del plazo máximo legal para resolver un procedimiento y notificar la resolución **se podrá** suspender en los **siguientes casos**:

A) Cuando **deba requerirse** a cualquier **interesado** para la subsanación de deficiencias o la aportación de documentos y otros elementos de juicio necesarios, por el **tiempo** que **medie entre** la **notificación** del requerimiento y su **efectivo cumplimiento** por el destinatario, o, en su defecto, por el del plazo concedido, todo ello sin perjuicio de lo previsto en el artículo 68 de la presente Ley.

B) Cuando deba **obtenerse** un **pronunciamiento previo y preceptivo** de un órgano de la **Unión Europea**, por el tiempo que medie **entre la petición**, que habrá de comunicarse a los interesados, **y la notificación del pronunciamiento a la Administración instructora**, que también deberá serles comunicada.

C) Cuando exista un **procedimiento no finalizado** en el ámbito de la **Unión Europea** que **condicione directamente** el contenido de la resolución de que se trate, **desde que se tenga constancia de su existencia**, lo que deberá ser comunicado a los interesados, **hasta que se resuelva**, lo que también habrá de ser notificado.

D) Cuando **se soliciten informes preceptivos** a un órgano de la misma o distinta Administración, por el tiempo que medie **entre la petición**, que deberá comunicarse a los interesados, **y la recepción** del informe, que igualmente deberá ser comunicada a los mismos. Este plazo de suspensión no podrá exceder **en ningún caso de 3 meses**. En caso de no recibirse el informe en el plazo indicado, proseguirá el procedimiento.

E) Cuando deban **realizarse pruebas técnicas o análisis contradictorios o dirimentes propuestos por los interesados**, durante el **tiempo necesario** para la **incorporación** de los **resultados** al expediente.

F) Cuando **se inicien negociaciones con vistas a la conclusión de un pacto o convenio** en los términos previstos en el artículo 86 de esta Ley, **desde** la **declaración formal** al respecto y **hasta la conclusión** sin efecto, en su caso, de las referidas negociaciones, que se constatará mediante declaración formulada por la Administración o los interesados.

G) Cuando **para la resolución** del procedimiento sea indispensable la obtención de un **previo pronunciamiento por parte de un órgano jurisdiccional**, **desde** el **momento** en que **se solicita**, lo que habrá de comunicarse a los interesados, **hasta** que la **Administración** tenga **constancia** del mismo, lo que también deberá serles comunicado.

2. El **transcurso** del **plazo máximo** legal para resolver un procedimiento y notificar la resolución **se suspenderá** en los **siguientes casos**:

A) Cuando una **Administración Pública requiera a otra** para que **anule o revise un acto que entienda que es ilegal y que constituya la base para el que la primera haya de dictar en el ámbito de sus competencias**, en el supuesto al que se refiere el apartado 5 del artículo 39 de esta Ley, desde que se realiza el requerimiento hasta que se atienda o, en su caso, se resuelva el recurso interpuesto ante la Jurisdicción Contencioso-Administrativa. Deberá ser comunicado a los interesados tanto la realización del requerimiento, como su cumplimiento o, en su caso, la resolución del correspondiente recurso contencioso-administrativo.

B) Cuando el órgano competente para resolver **decida realizar alguna actuación complementaria** de las previstas en el artículo 87, desde el momento en que se notifique a los interesados el acuerdo motivado del inicio de las actuaciones hasta que se produzca su terminación.

C) Cuando los interesados **promuevan la recusación en cualquier momento** de la tramitación de un procedimiento, desde que esta se plantee hasta que sea resuelta por el superior jerárquico del recusado.

ARTÍCULO 23
AMPLIACIÓN DEL PLAZO MÁXIMO PARA RESOLVER Y NOTIFICAR

1. Excepcionalmente, cuando se hayan **agotado** los **medios personales** y **materiales disponibles** a los que se refiere el apartado 5 del artículo 21, el **órgano competente** para **resolver**, **a propuesta**, en su caso, del **órgano instructor o** el **superior** jerárquico del órgano competente para resolver, podrá **acordar de manera motivada la ampliación** del plazo máximo de resolución y notificación, no pudiendo ser este superior al establecido para la tramitación del procedimiento.

2. Contra el **acuerdo** que resuelva sobre la ampliación de plazos, que deberá ser notificado a los interesados, **no cabrá recurso alguno**.

Notas:
_____
_____
_____
_____
_____

ARTÍCULO 24
SILENCIO ADMINISTRATIVO EN PROCEDIMIENTOS INICIADOS A SOLICITUD DEL INTERESADO

1. En los procedimientos iniciados a solicitud del interesado, sin perjuicio de la resolución que la Administración debe dictar en la forma prevista en el apartado 3 de este artículo, el **vencimiento** del **plazo máximo sin haberse notificado resolución** expresa, **legitima** al interesado o interesados para **entenderla estimada** por silencio administrativo, **excepto** en los supuestos en los que una **norma con rango de Ley** o una norma de **Derecho de la Unión Europea o de Derecho internacional** aplicable en España **establezcan lo contrario**.Cuando el procedimiento tenga por objeto el **acceso a actividades o su ejercicio**, la ley que disponga el carácter desestimatorio del silencio deberá **fundarse en la concurrencia de razones imperiosas de interés general**.

El silencio tendrá efecto desestimatorio en los procedimientos relativos al ejercicio del derecho de **petición**, a que se refiere el artículo 29 de la Constitución, aquellos cuya estimación tuviera como consecuencia que **se transfirieran** al solicitante o a terceros **facultades relativas al dominio público o al servicio público**, impliquen el **ejercicio de actividades** que puedan **dañar** el **medio ambiente** y en los procedimientos de **responsabilidad patrimonial** de las Administraciones Públicas.

El sentido del silencio **también será desestimatorio** en los procedimientos de **impugnación** de **actos** y **disposiciones** y en los de **revisión** de **oficio** iniciados **a solicitud** de los interesados. No obstante, cuando el r**ecurso de alzada** se haya interpuesto **contra la desestimación** por **silencio administrativo** de una solicitud **por el transcurso del plazo**, se entenderá **estimado** el mismo si, **llegado el plazo** de resolución, el órgano administrativo competente **no dictase y notificase resolución expresa**, siempre que no se refiera a las **materias enumeradas en el párrafo anterior de este apartado**.

2. La **estimación por silencio administrativo** tiene a todos los **efectos** la consideración de **acto administrativo finalizador del procedimiento**. La **desestimación** por silencio administrativo tiene los **solos efectos** de **permitir** a los interesados la **interposición** del **recurso** administrativo o contencioso-administrativo que resulte **procedente**.

3. La **obligación de dictar resolución expresa** a que se refiere el apartado primero del artículo 21 se sujetará al siguiente **régimen**:

A) En los casos de **estimación por silencio administrativo**, la resolución expresa posterior a la producción del acto solo podrá dictarse de ser **confirmatoria** del mismo.

B) En los casos de **desestimación por silencio administrativo**, la resolución expresa posterior al vencimiento del plazo se adoptará por la Administración **sin vinculación** alguna al sentido del silencio.

4. Los **actos** administrativos **producidos por silencio** administrativo **se podrán hacer valer** tanto ante la Administración como ante cualquier persona física o jurídica, pública o privada. Los mismos **producen efectos desde** el **vencimiento** del **plazo máximo** en el que debe dictarse y notificarse la resolución expresa sin que la misma se haya expedido, y su

CINTHIA MOURE

existencia puede ser **acreditada** por **cualquier medio** de prueba admitido en Derecho, **incluido** el certificado acreditativo del silencio producido. Este certificado se expedirá de **oficio** por el órgano competente para resolver en el plazo de **15 días** desde que expire el plazo máximo para resolver el procedimiento. Sin perjuicio de lo anterior, el interesado podrá pedirlo **en cualquier momento**, computándose el plazo indicado anteriormente **desde el día siguiente** a aquel en que la petición tuviese entrada en el registro electrónico de la Administración u Organismo competente para resolver.

ARTÍCULO 25
FALTA DE RESOLUCIÓN EXPRESA
EN PROCEDIMIENTOS INICIADOS DE OFICIO

1. En los procedimientos iniciados de oficio, el **vencimiento** del **plazo máximo** establecido sin que se haya dictado y notificado resolución expresa **no exime** a la Administración del cumplimiento de la obligación legal de resolver, **produciendo** los **siguientes efectos**:

A) En el caso de procedimientos de los que pudiera derivarse el **reconocimiento** o, en su caso, la **constitución** de **derechos** u otras situaciones jurídicas favorables, los interesados que hubieren comparecido podrán entender **desestimadas** sus **pretensiones** por silencio administrativo.

B) En los procedimientos en que la Administración ejercite **potestades sancionadoras** o, en general, **de intervención**, susceptibles de producir efectos **desfavorables** o de **gravamen**, se producirá la caducidad. En estos casos, la resolución que declare la **caducidad** ordenará el archivo de las actuaciones, con los **efectos** previstos en el **artículo 95**.

2. En los supuestos en los que el procedimiento se hubiera **paralizado** por **causa imputable** al **interesado**, **se interrumpirá** el **cómputo** del **plazo** para resolver y notificar la resolución.

ARTÍCULO 26
EMISIÓN DE DOCUMENTOS POR LAS ADMINISTRACIONES PÚBLICAS

1. Se entiende por **documentos públicos** administrativos los **válidamente emitidos** por los **órganos** de las **Administraciones Públicas**. Las Administraciones Públicas emitirán los documentos administrativos **por escrito**, **a través de medios electrónicos**, **a menos** que su **naturaleza exija** otra forma más adecuada de expresión y constancia.

Notas:

2. Para ser considerados **válidos**, los documentos electrónicos administrativos deberán:

A) **Contener información de cualquier naturaleza** archivada en un **soporte electrónico** según un formato determinado susceptible de identificación y tratamiento diferenciado.

B) **Disponer** de los **datos** de **identificación** que permitan su **individualización**, sin perjuicio de su posible incorporación a un expediente electrónico.

C) **Incorporar una referencia temporal** del momento en que han sido emitidos.

D) **Incorporar** los **metadatos mínimos** exigidos.

E) **Incorporar** las **firmas electrónicas** que **correspondan** de acuerdo con lo previsto en la normativa aplicable.

Se considerarán **válidos los documentos electrónicos**, que **cumpliendo estos requisitos**, sean **trasladados** a un **tercero a través** de **medios electrónicos**.

3. No requerirán de firma electrónica, los **documentos electrónicos** emitidos por las Administraciones Públicas que se publiquen con **carácter** meramente **informativo**, así como aquellos que **no formen parte de un expediente administrativo**. En todo caso, **será necesario identificar el origen** de estos documentos.

ARTÍCULO 27
VALIDEZ Y EFICACIA DE LAS COPIAS REALIZADAS POR LAS ADMINISTRACIONES PÚBLICAS

1. Cada Administración Pública determinará los **órganos** que tengan **atribuidas** las **competencias** de **expedición** de **copias auténticas** de los **documentos públicos administrativos o privados**.

Las **copias auténticas de documentos privados surten únicamente efectos administrativos**. Las copias auténticas realizadas por una Administración Pública tendrán validez en las restantes Administraciones.

A estos efectos, la Administración General del Estado, las Comunidades Autónomas y las Entidades Locales podrán realizar copias auténticas mediante **funcionario habilitado o mediante actuación administrativa automatizada**.

Se deberá mantener **actualizado un registro, u otro** sistema **equivalente**, donde constarán los funcionarios habilitados para la expedición de copias auténticas que deberán ser plenamente **interoperables** y estar **interconectados** con los de las restantes Administraciones Públicas, a los efectos de comprobar la validez de la citada habilitación. En este registro o sistema equivalente constarán, **al menos**, los funcionarios que **presten servicios** en las **oficinas** de asistencia en materia de **registros**.

2. Tendrán la consideración de **copia auténtica** de un **documento público administrativo** o privado las realizadas, cualquiera que sea su soporte, por los **órganos competentes** de las Administraciones Públicas en las que quede **garantizada** la **identidad** del **órgano** que ha realizado la copia y su **contenido**.

Las copias auténticas tendrán la **misma validez** y **eficacia** que los documentos **originales**.

3. Para **garantizar** la **identidad** y **contenido** de las copias electrónicas o en papel, y por tanto su carácter de copias auténticas, las Administraciones Públicas deberán **ajustarse** a lo previsto en el **Esquema Nacional** de **Interoperabilidad**, el Esquema Nacional de **Seguridad y sus normas técnicas de desarrollo**, así como a las siguientes reglas:

A) Las **copias electrónicas de un documento electrónico original o** de una **copia electrónica auténtica**, con o sin cambio de formato, deberán **incluir los metadatos** que **acrediten su condición de copia** y que se visualicen al **consultar** el **documento**.

B) Las **copias electrónicas** de **documentos** en **soporte papel** o en otro **soporte no electrónico susceptible** de **digitalización**, requerirán que el **documento** haya sido **digitalizado** y deberán incluir los **metadatos** que **acrediten su condición de copia** y que se **visualicen** al **consultar** el **documento**.

Se entiende por **digitalización**, el **proceso tecnológico** que permite **convertir** un **documento** en **soporte papel** o en otro soporte no **electrónico en** un **fichero electrónico** que **contiene** la **imagen codificada, fiel e íntegra del documento**.

C) Las **copias en soporte papel de documentos electrónicos** requerirán que en las mismas **figure** la **condición** de **copia** y **contendrán** un **código generado** electrónicamente **u otro sistema de verificación**, que permitirá contrastar la autenticidad de la copia mediante el acceso a los archivos electrónicos del órgano u Organismo público emisor.

D) Las **copias en soporte papel de documentos originales** emitidos en dicho soporte **se proporcionarán** mediante una **copia auténtica** en **papel** del documento electrónico que se encuentre en poder de la Administración o bien mediante una puesta de manifiesto electrónica conteniendo copia auténtica del documento original.

A estos efectos, **las Administraciones** harán **públicos**, a través de la sede electrónica correspondiente, los **códigos seguros** de **verificación** u otro sistema de verificación utilizado.

4. Los interesados podrán solicitar, **en cualquier momento**, la **expedición** de **copias auténticas** de los **documentos públicos administrativos** que hayan sido **válidamente emitidos** por las Administraciones Públicas. La solicitud **se dirigirá al órgano que emitió el documento original**, debiendo expedirse, salvo las excepciones derivadas de la aplicación de la Ley 19/2013, de 9 de diciembre, en el **plazo de 15 días** a contar desde la recepción de la solicitud en el registro electrónico de la Administración u Organismo competente.

Asimismo, las Administraciones Públicas estarán **obligadas** a **expedir copias auténticas electrónicas** de **cualquier documento en papel** que presenten los interesados y **que se vaya a incorporar a un expediente administrativo**.

Notas:

5. Cuando las Administraciones Públicas expidan **copias auténticas electrónicas**, deberá quedar **expresamente** así **indicado** en el documento de la **copia**.

6. La expedición de copias auténticas de documentos públicos **notariales**, **registrales** y **judiciales**, así como de los **diarios oficiales**, **se regirá por su legislación específica**.

ARTÍCULO 28
DOCUMENTOS APORTADOS POR LOS INTERESADOS AL PROCEDIMIENTO ADMINISTRATIVO

1. Los interesados **deberán aportar** al procedimiento administrativo los **datos** y **documentos exigidos** por las Administraciones Públicas de acuerdo con lo dispuesto en la normativa aplicable. Asimismo, los interesados **podrán aportar** cualquier otro documento que **estimen conveniente**.

2. Los interesados **tienen derecho a no aportar** documentos que **ya se encuentren** en poder de la **Administración actuante** o hayan sido **elaborados** por **cualquier otra Administración**. La **Administración actuante** podrá **consultar** o **recabar** dichos documentos salvo que el interesado se **opusiera** a ello. **No cabrá la oposición** cuando la aportación del documento se exigiera en el marco del ejercicio de **potestades sancionadoras o de inspección**.

Las Administraciones Públicas **deberán recabar** los documentos **electrónicamente** a través de sus **redes corporativas o mediante consulta a las plataformas de intermediación** de datos **u otros sistemas electrónicos** habilitados al efecto.

Cuando se trate de **informes preceptivos ya elaborados** por un órgano administrativo **distinto** al que tramita el procedimiento, estos deberán ser **remitidos** en el plazo de **10 días** a contar desde su solicitud. **Cumplido** este **plazo, se informará al interesado** de que puede aportar este informe o esperar a su remisión por el órgano competente.

3. Las Administraciones **no exigirán** a los interesados la presentación de **documentos originales**, **salvo** que, con carácter excepcional, la **normativa reguladora aplicable** establezca **lo contrario**.

Asimismo, **las Administraciones Públicas no requerirán a los interesados** datos o documentos no exigidos por la normativa reguladora aplicable o que hayan sido aportados anteriormente por el interesado a cualquier Administración. A estos efectos, **el interesado deberá indicar** en qué **momento** y ante qué **órgano** administrativo **presentó los citados documentos**, debiendo las Administraciones Públicas recabarlos **electrónicamente** a través de sus **redes corporativas o de una consulta a las plataformas de intermediación** de datos u **otros sistemas electrónicos** habilitados al efecto, **salvo** que conste en el procedimiento la **oposición expresa** del interesado o la **ley especial aplicable** requiera su consentimiento expreso. **Excepcionalmente**, si las Administraciones Públicas no pudieran recabar los citados documentos, podrán **solicitar nuevamente al interesado** su aportación.

4. Cuando **con carácter excepcional**, y de acuerdo con lo previsto en esta Ley, la Administración solicitara al interesado la presentación de un documento original y este estuviera en formato **papel**, el interesado **deberá obtener una copia auténtica**, según los requisitos establecidos en el artículo 27, con carácter previo a su presentación electrónica. La **copia electrónica resultante reflejará expresamente esta circunstancia**.

5. Excepcionalmente, cuando la **relevancia** del **documento** en el procedimiento lo exija **o existan dudas derivadas** de la **calidad** de la **copia**, las Administraciones podrán solicitar **de manera motivada** el **cotejo** de las **copias aportadas** por el interesado, para lo que podrán **requerir la exhibición** del documento o **de la información original**.

6. Las **copias** que **aporten** los **interesados** al procedimiento administrativo tendrán **eficacia, exclusivamente** en el ámbito de la **actividad** de las **Administraciones Públicas**.

7. Los **interesados** se **responsabilizarán** de la **veracidad** de los documentos que presenten.

CAPÍTULO II
TÉRMINOS Y PLAZOS

ARTÍCULO 29
OBLIGATORIEDAD DE TÉRMINOS Y PLAZOS

Los términos y plazos establecidos en esta u otras leyes **obligan a las autoridades y personal al servicio de las Administraciones Públicas** competentes para la tramitación de los asuntos, **así como** a los **interesados** en los mismos.

ARTÍCULO 30
CÓMPUTO DE PLAZOS

1. Salvo que por Ley o en el Derecho de la Unión Europea se disponga otro cómputo, cuando los plazos se señalen **por horas**, se entiende que estas son **hábiles. Son hábiles todas las horas del día que formen parte de un día hábil**.

Los plazos expresados por horas **se contarán de hora en hora y de minuto en minuto desde** la hora y minuto en que tenga lugar la notificación o publicación del acto de que se trate y **no podrán tener una duración superior a 24 horas**, en cuyo caso se expresarán en días.

2. Siempre que por Ley o en el Derecho de la Unión Europea no se exprese otro cómputo, cuando los plazos se señalen **por días**, se entiende que estos son **hábiles, excluyéndose del cómputo los sábados, los domingos y los declarados festivos**.

Cuando los plazos se hayan señalado por **días naturales** por declararlo así una **ley o por el Derecho de la Unión Europea, se hará constar** esta circunstancia en las correspondientes notificaciones.

Notas:

3. Los plazos expresados en días **se contarán a partir del día siguiente a aquel en que tenga lugar la notificación o publicación** del acto de que se trate, o desde el siguiente a aquel en que se produzca la estimación o la desestimación por silencio administrativo.

4. Si el plazo se fija **en meses o años**, estos se computarán **a partir del día siguiente** a aquel en que tenga lugar la notificación o publicación del acto de que se trate, o desde el siguiente a aquel en que se produzca la estimación o desestimación por silencio administrativo.

El plazo **concluirá** el **mismo día** en que se produjo la notificación, publicación o silencio administrativo **en el** mes o el año **de vencimiento**. Si en el mes de vencimiento **no hubiera** día **equivalente** a aquel en que comienza el cómputo, se entenderá que el plazo expira el **último día del mes**.

5. Cuando el **último día** del **plazo** sea **inhábil**, se entenderá **prorrogado** al **primer día hábil siguiente**.

6. Cuando un día fuese **hábil** en el municipio o Comunidad Autónoma en que residiese el interesado, **e inhábil** en la sede del órgano administrativo, o a la inversa, se considerará **inhábil en todo caso**.

7. La **Administración General del Estado** y las Administraciones de las **Comunidades Autónomas**, con **sujeción al calendario laboral oficial**, fijarán, en **su** respectivo **ámbito**, el **calendario** de **días inhábiles a efectos de cómputos de plazos**. El calendario aprobado por las Comunidades Autónomas **comprenderá** los **días inhábiles** de las **Entidades Locales** correspondientes a **su ámbito territorial**, a las que será de aplicación.

Dicho calendario deberá **publicarse antes** del **comienzo** de cada **año** en el **Diario oficial** que corresponda, así como en otros medios de difusión que garanticen su conocimiento generalizado.

8. La **declaración** de un **día** como **hábil** o **inhábil** a efectos de cómputo de plazos **no determina por sí sola** el **funcionamiento** de los centros de trabajo de las Administraciones Públicas, la **organización** del tiempo de trabajo o el **régimen** de **jornada** y **horarios** de las mismas.

ARTÍCULO 31
CÓMPUTO DE PLAZOS EN LOS REGISTROS

1. Cada Administración Pública **publicará** los **días** y el **horario** en el que deban permanecer abiertas las oficinas que prestarán **asistencia** para la **presentación electrónica** de documentos, garantizando el derecho de los interesados a ser asistidos en el uso de medios electrónicos.

2. El **registro electrónico** de cada Administración u Organismo **se regirá a efectos de cómputo de los plazos**, por la **fecha** y **hora oficial** de la **sede electrónica de acceso**, que deberá contar con las medidas de seguridad necesarias para garantizar su integridad y figurar de modo accesible y visible.

El funcionamiento del registro electrónico se regirá por las siguientes **reglas**:

A) Permitirá la presentación de documentos **todos los días del año** durante las **24 horas**.

B) A los **efectos** del cómputo de **plazo** fijado en **días hábiles**, y en lo que se refiere al cumplimiento de plazos por los interesados, la **presentación** en **1 día inhábil** se entenderá **realizada** en la **primera hora** del **primer día hábil** siguiente **salvo** que una norma permita expresamente la recepción en día inhábil.

Los documentos **se considerarán presentados** por el **orden** de hora **efectiva** en el que lo fueron en el **día inhábil**. Los documentos presentados en el día inhábil **se reputarán anteriores**, según el mismo orden, **a los que lo fueran el primer día hábil posterior**.

C) El inicio del **cómputo** de los **plazos** que **hayan de cumplir las Administraciones** Públicas vendrá **determinado** por la **fecha** y **hora** de **presentación** en el **registro electrónico de cada Administración u Organismo**. En todo caso, la fecha y hora efectiva de inicio del cómputo de plazos **deberá ser comunicada a quien presentó el documento**.

3. La **sede electrónica** del registro de cada Administración Pública u Organismo, **determinará**, atendiendo al **ámbito territorial** en el que ejerce sus competencias el titular de aquella y al **calendario** previsto en el **artículo 30.7**, los **días** que se considerarán **inhábiles** a los efectos previstos en este artículo. Este será **el único** calendario de días inhábiles **que se aplicará** a efectos del cómputo de plazos en los registros electrónicos, **sin que resulte de aplicación** a los mismos lo dispuesto en el **artículo 30.6**.

ARTÍCULO 32
AMPLIACIÓN

1. La **Administración**, <u>salvo precepto en contrario</u>, **podrá conceder** de oficio o a **petición** de los **interesados**, una **ampliación** de los **plazos establecidos**, que **no exceda** de la **mitad** de los mismos, si las **circunstancias** lo **aconsejan** y con ello **no se perjudican** derechos de tercero. El **acuerdo** de ampliación deberá ser **notificado** a los **interesados**.

2. La ampliación de los plazos por el tiempo máximo permitido **se aplicará en todo caso** a los **procedimientos tramitados** por las **misiones diplomáticas** y **oficinas consulares, así como** a aquellos que, sustanciándose en el interior, **exijan cumplimentar** algún **trámite** en el **extranjero** o en los que intervengan **interesados residentes fuera** de España.

Notas:

3. Tanto la **petición** de los interesados **como** la **decisión** sobre la ampliación deberán **producirse**, en todo caso, **antes** del **vencimiento** del **plazo** de que se trate. En ningún caso podrá ser objeto de ampliación un plazo ya vencido. Los acuerdos sobre ampliación de plazos o sobre su denegación **no serán susceptibles de recurso**, sin perjuicio del procedente contra la resolución que ponga fin al procedimiento.

4. Cuando una **incidencia técnica** haya imposibilitado el funcionamiento ordinario del sistema o aplicación que corresponda, y hasta que se solucione el problema, la Administración podrá determinar una **ampliación** de los **plazos no vencidos**, **debiendo publicar** en la **sede electrónica** tanto **la incidencia técnica** acontecida **como** la **ampliación concreta** del plazo no vencido.

5. Cuando como consecuencia de un **ciberincidente** se hayan visto **gravemente afectados** los **servicios y sistemas** utilizados para la tramitación de los procedimientos y el **ejercicio de los derechos** de los interesados que prevé la normativa vigente, la Administración **podrá acordar la ampliación general** de plazos de los procedimientos administrativos.

ARTÍCULO 33
TRAMITACIÓN DE URGENCIA

1. Cuando **razones de interés público lo aconsejen**, se podrá acordar, **de oficio o a petición del interesado**, la **aplicación** al procedimiento de la **tramitación de urgencia**, por la cual **se reducirán a la mitad los plazos establecidos** para el procedimiento ordinario, salvo los relativos a la presentación de solicitudes y recursos.

2. No cabrá recurso alguno contra el acuerdo que declare la aplicación de la tramitación de urgencia al procedimiento, sin perjuicio del procedente contra la resolución que ponga fin al procedimiento.

TÍTULO

03

De los actos administrativos

REQUISITOS DE LOS ACTOS ADMINISTRATIVOS

ARTÍCULO 34
PRODUCCIÓN Y CONTENIDO

1. Los actos administrativos que dicten las Administraciones Públicas, **bien de oficio o a instancia del interesado**, **se producirán** por el **órgano competente ajustándose** a los **requisitos** y **al procedimiento** establecido.

2. El **contenido** de los actos se **ajustará** a lo **dispuesto** por el **ordenamiento jurídico** y **será determinado** y **adecuado** a los **fines de aquellos**.

ARTÍCULO 35
MOTIVACIÓN

1. Serán **motivados, con sucinta referencia de hechos y fundamentos de derecho**:

A) Los actos que **limiten derechos subjetivos** o **intereses legítimos**.

B) Los actos **que resuelvan procedimientos** de **revisión de oficio** de disposiciones o actos administrativos, **recursos** administrativos y procedimientos de **arbitraje** y los que **declaren su inadmisión**.

C) Los actos que se separen del **criterio seguido** en actuaciones **precedentes** o del **dictamen** de **órganos consultivos**.

D) Los **acuerdos** de **suspensión** de **actos**, cualquiera que sea el motivo de esta, **así como** la **adopción de medidas provisionales** previstas en el artículo 56.

E) Los **acuerdos** de aplicación de la tramitación de **urgencia**, de **ampliación** de plazos y de realización de **actuaciones complementarias**.

F) Los actos que **rechacen pruebas propuestas por los interesados**.

G) Los actos que **acuerden la terminación** del procedimiento por la **imposibilidad material** de **continuarlo** por **causas sobrevenidas**, así como los que acuerden el **desistimiento** por la **Administración** en **procedimientos iniciados de oficio**.

H) Las **propuestas de resolución** en los **procedimientos de carácter sancionador**, **así como los actos que resuelvan** procedimientos de carácter **sancionador** o de responsabilidad **patrimonial**.

I) Los actos que se dicten en el ejercicio de **potestades discrecionales**, así como los que deban serlo **en virtud de disposición legal o reglamentaria expresa**.

Notas:
_____
_____
_____
_____

2. La motivación de los actos que pongan **fin a los procedimientos selectivos** y de **concurrencia competitiva** se realizará de conformidad con lo que dispongan las **normas** que regulen sus **convocatorias**, debiendo, en todo caso, quedar acreditados en el procedimiento los fundamentos de la resolución que se adopte.

ARTÍCULO 36
FORMA

1. Los actos administrativos se producirán **por escrito** a través de **medios electrónicos**, a **menos** que su **naturaleza** exija otra forma más adecuada de expresión y constancia.

2. En los **casos** en que los órganos administrativos ejerzan su competencia de forma **verbal**, la **constancia escrita del acto**, cuando sea necesaria, se **efectuará** y **firmará por el titular del órgano inferior o funcionario que la reciba oralmente**, expresando en la comunicación del mismo la **autoridad de la que procede**. Si se tratara de **resoluciones**, el titular de la competencia deberá **autorizar una relación** de las que haya dictado de forma verbal, con expresión de su **contenido**.

3. Cuando deba dictarse una serie de actos administrativos de la **misma naturaleza**, tales como nombramientos, concesiones o licencias, podrán **refundirse** en **un único acto**, acordado por el órgano competente, que especificará las personas u otras circunstancias que individualicen los efectos del acto para cada interesado.

CAPÍTULO II
EFICACIA DE LOS ACTOS

ARTÍCULO 37
INDEROGABILIDAD SINGULAR

1. Las **resoluciones** administrativas de carácter **particular no podrán vulnerar** lo establecido en una disposición de carácter **general**, **aunque** aquellas **procedan** de un **órgano** de **igual o superior jerarquía** al que dictó la disposición general.

2. Son **nulas** las **resoluciones** administrativas que **vulneren** lo establecido en una **disposición reglamentaria**, **así como** aquellas que **incurran** en alguna de las **causas** recogidas en el **artículo 47**.

ARTÍCULO 38
EJECUTIVIDAD

Los **actos** de las **Administraciones** Públicas sujetos al **Derecho Administrativo** serán **ejecutivos con arreglo a lo dispuesto** en esta **Ley**.

ARTÍCULO 39
EFECTOS

1. Los **actos** de las **Administraciones** Públicas sujetos al **Derecho Administrativo se presumirán válidos** y **producirán efectos desde la fecha en que se dicten**, **salvo** que en ellos **se disponga otra cosa**.

2. La **eficacia** quedará **demorada** cuando así **lo exija el** contenido del acto o esté **supeditada** a su **notificación**, **publicación** o **aprobación superior**.

3. Excepcionalmente, podrá otorgarse **eficacia retroactiva** a los actos cuando se dicten en **sustitución** de actos **anulados**, así como cuando **produzcan efectos favorables** al interesado, **siempre** que los supuestos de hecho necesarios **existieran ya** en la fecha a que se retrotraiga la eficacia del acto **y** esta **no lesione** derechos o intereses legítimos de otras personas.

4. Las **normas** y **actos dictados** por los **órganos** de las **Administraciones** Públicas en el ejercicio de su propia competencia deberán ser **observadas** por el **resto** de los órganos administrativos, **aunque no dependan jerárquicamente** entre sí **o pertenezcan a otra Administración**.

5. Cuando **una Administración** Pública tenga que **dictar**, en el ámbito de sus competencias, un **acto** que necesariamente tenga por **base otro dictado por una Administración** Pública **distinta** y aquella **entienda** que es **ilegal**, **podrá requerir** a esta **previamente** para que **anule o revise el acto** de acuerdo con lo dispuesto en el artículo 44 de la Ley 29/1998, de 13 de julio, reguladora de la Jurisdicción Contencioso-Administrativa, y, de **rechazar** el requerimiento, podrá interponer **recurso contencioso-administrativo**. En estos casos, **quedará suspendido** el procedimiento para dictar resolución.

ARTÍCULO 40
NOTIFICACIÓN

1. El órgano que dicte las **resoluciones** y **actos** administrativos los **notificará** a los **interesados** cuyos derechos e intereses sean **afectados** por aquellos, en los términos previstos en los artículos siguientes.

2. Toda notificación deberá ser cursada dentro del **plazo de 10 días** a partir **de la fecha** en que el acto haya sido dictado, y **deberá contener** el **texto íntegro** de la resolución, con indicación de **si pone fin o no** a la **vía administrativa**, la expresión de los **recursos** que **procedan**, en su caso, en vía administrativa y judicial, el **órgano** ante el que hubieran de presentarse y el **plazo** para interponerlos, **sin perjuicio de que los interesados puedan ejercitar, en su caso, cualquier otro que estimen procedente**.

Notas:

3. Las notificaciones que, **conteniendo el texto íntegro del acto**, omitiesen alguno de los demás requisitos previstos en el apartado anterior, surtirán **efecto** a partir **de la fecha** en que el **interesado** realice **actuaciones** que **supongan** el **conocimiento** del **contenido** y **alcance** de la resolución o acto objeto de la notificación, o **interponga** cualquier **recurso** que proceda.

4. Sin perjuicio de lo establecido en el **apartado anterior**, y a los solos efectos de entender **cumplida la obligación de notificar** dentro del plazo máximo de duración de los procedimientos, será **suficiente** la **notificación** que **contenga, cuando menos**, el **texto íntegro de la resolución**, así como el **intento** de **notificación debidamente acreditado**.

5. Las Administraciones Públicas podrán **adoptar** las **medidas** que consideren **necesarias** para la **protección** de los **datos personales** que consten en las resoluciones y actos administrativos, cuando estos tengan por destinatarios a **más de un interesado**.

ARTÍCULO 41
CONDICIONES GENERALES PARA LA PRÁCTICA DE LAS NOTIFICACIONES

1. Las notificaciones se practicarán **preferentemente** por **medios electrónicos** y, en todo caso, cuando el interesado **resulte obligado** a recibirlas por esta vía.

No obstante lo anterior, las Administraciones podrán practicar las notificaciones por **medios no electrónicos** en los siguientes **supuestos**:

A) Cuando la notificación se realice con ocasión de la **comparecencia espontánea** del interesado o su representante en las oficinas de asistencia en materia de registro y solicite la comunicación o notificación personal en ese momento.

B) Cuando **para asegurar la eficacia** de la actuación administrativa resulte necesario practicar la notificación por **entrega directa** de un empleado público de la Administración notificante.

Con independencia del medio utilizado, las notificaciones **serán válidas siempre** que permitan tener **constancia** de su **envío** o puesta a disposición, de la **recepción** o **acceso** por el interesado o su representante, de sus **fechas** y **horas**, del **contenido** íntegro, y de la **identidad** fidedigna del remitente y destinatario de la misma. **La acreditación de la notificación efectuada se incorporará al expediente**.

Los **interesados** que **no** estén **obligados** a recibir notificaciones electrónicas, **podrán decidir** y **comunicar en cualquier momento** a la Administración Pública, mediante los modelos normalizados que se establezcan al efecto, que las **notificaciones sucesivas se practiquen o dejen de practicarse por medios electrónicos**.

Reglamentariamente, las Administraciones **podrán establecer** la **obligación** de practicar electrónicamente las notificaciones para **determinados procedimientos** y para **ciertos colectivos de personas físicas** que por razón de su capacidad económica, técnica, dedicación profesional u otros motivos quede acreditado que tienen acceso y disponibilidad de los medios electrónicos necesarios.

CINTHIA MOURE

Adicionalmente, el **interesado** podrá identificar un **dispositivo electrónico** y/o **una dirección de correo electrónico** que servirán para el **envío** de los **avisos** regulados en este artículo, **pero no para la práctica de notificaciones**.

2. En ningún caso se efectuarán por **medios electrónicos** las siguientes notificaciones:

A) Aquellas en las que el acto a notificar vaya acompañado de **elementos** que **no** sean **susceptibles** de **conversión** en **formato electrónico**.

B) Las que contengan **medios de pago** a favor de los obligados, tales como **cheques**.

3. En los procedimientos iniciados a **solicitud del interesado**, la notificación se practicará por el **medio señalado** al efecto por aquel. Esta notificación será electrónica en los casos en los que exista obligación de relacionarse de esta forma con la Administración.

Cuando **no fuera posible** realizar la notificación de acuerdo con lo señalado en la solicitud, se practicará en **cualquier lugar adecuado a tal fin**, y por **cualquier medio** que permita tener **constancia** de la recepción por el interesado o su representante, así como de la **fecha**, la **identidad** y el **contenido** del acto notificado.

4. En los procedimientos **iniciados de oficio**, a **los solos efectos de su iniciación**, las Administraciones Públicas podrán **recabar**, mediante consulta a las bases de **datos** del Instituto Nacional de Estadística, los datos sobre el **domicilio** del interesado recogidos en el Padrón Municipal, remitidos por las Entidades Locales en aplicación de lo previsto en la Ley 7/1985, de 2 de abril, reguladora de las Bases del Régimen Local.

5. Cuando el interesado o su representante **rechace** la **notificación** de una actuación administrativa, se hará **constar** en el expediente, especificándose **las circunstancias** del intento de **notificación y el medio, dando por efectuado** el trámite y **siguiéndose** el procedimiento.

6. Con independencia de que la **notificación se realice** en papel o por medios electrónicos, las Administraciones Públicas **enviarán un aviso** al **dispositivo** electrónico **y/o** a la **dirección** de correo electrónico del interesado que este haya comunicado, **informándole** de la **puesta** a **disposición** de una notificación en la sede electrónica de la Administración u Organismo correspondiente o en la dirección electrónica habilitada única. La **falta de práctica** de este aviso **no impedirá** que la **notificación** sea considerada plenamente **válida**.

7. Cuando el interesado fuera notificado por **distintos cauces**, se tomará como **fecha** de **notificación** la de aquella que se hubiera producido en **primer lugar**.

Notas:

ARTÍCULO 42
PRÁCTICA DE LAS NOTIFICACIONES EN PAPEL

1. Todas las notificaciones que se practiquen en papel **deberán ser puestas a disposición** del interesado en la **sede electrónica** de la Administración u Organismo actuante para que pueda **acceder** al contenido de las mismas **de forma voluntaria**.

2. Cuando la notificación se practique en el **domicilio** del interesado, de **no hallarse presente** este en el momento de entregarse la notificación, podrá hacerse cargo de la misma cualquier **persona mayor de 14 años** que **se encuentre** en el domicilio y haga **constar su identidad**. Si **nadie** se hiciera cargo de la notificación, **se** hará **constar esta circunstancia** en el expediente, junto con el día y la hora en que se intentó la notificación, intento que **se repetirá por una sola vez** y en una **hora distinta** dentro de los **3 días siguientes**. En caso de que el **primer intento** de notificación se haya realizado **antes de las 15 horas**, el **segundo intento** deberá realizarse después de las **15 horas y viceversa**, dejando en todo caso al menos un margen de diferencia de **3 horas** entre ambos intentos de notificación. Si el segundo intento también resultara infructuoso, se procederá en la forma prevista en el artículo 44.

3. Cuando el interesado **accediera** al contenido de la notificación en **sede electrónica, se le ofrecerá la posibilidad** de que el **resto** de **notificaciones** se puedan realizar a través de medios electrónicos.

ARTÍCULO 43
PRÁCTICA DE LAS NOTIFICACIONES
A TRAVÉS DE MEDIOS ELECTRÓNICOS

1. Las notificaciones por medios electrónicos se practicarán **mediante comparecencia** en la **sede electrónica** de la Administración u Organismo actuante, a través de la dirección electrónica habilitada única o mediante ambos sistemas, según disponga cada Administración u Organismo.

A los efectos previstos en este artículo, **se entiende por comparecencia** en la **sede electrónica**, el **acceso** por el interesado o su representante debidamente identificado **al contenido de la notificación**.

2. Las notificaciones por medios electrónicos **se entenderán practicadas** en el **momento** en que **se produzca el acceso a su contenido**.

Cuando la notificación por medios electrónicos **sea** de carácter **obligatorio**, o haya sido expresamente elegida por el interesado, **se entenderá rechazada** cuando hayan **transcurrido 10 días naturales** desde la **puesta** a **disposición** de la notificación **sin que se acceda a su contenido**.

3. Se entenderá **cumplida** la **obligación** a la que se refiere el artículo **40.4** con la **puesta** a **disposición** de la **notificación** en la **sede electrónica** de la Administración u Organismo actuante o en la dirección electrónica habilitada única.

4. Los **interesados podrán acceder** a las **notificaciones** desde el **Punto de Acceso General electrónico** de la Administración, **que funcionará como** un **portal de acceso**.

ARTÍCULO 44
NOTIFICACIÓN INFRUCTUOSA

Cuando los interesados en un procedimiento sean **desconocidos**, **se ignore** el lugar de la **notificación o bien**, intentada esta, **no se hubiese podido practicar**, la notificación se hará por medio de un **anuncio** publicado en el «**Boletín Oficial del Estado**».

Asimismo, **previamente** y **con carácter facultativo**, las Administraciones **podrán publicar** un **anuncio** en el boletín oficial de la Comunidad Autónoma o de la Provincia, en el tablón de edictos del Ayuntamiento del último domicilio del interesado o del Consulado o Sección Consular de la Embajada correspondiente.

Las Administraciones Públicas **podrán establecer otras formas** de **notificación** complementarias a través de los restantes medios de difusión, **que no excluirán** la **obligación** de **publicar** el correspondiente anuncio en el «**Boletín Oficial del Estado**».

ARTÍCULO 45
PUBLICACIÓN

1. Los actos administrativos serán **objeto de publicación cuando** así lo establezcan las **normas reguladoras** de cada procedimiento o cuando **lo aconsejen razones de interés público** apreciadas por el órgano competente.

En todo caso, los actos administrativos serán objeto de **publicación**, surtiendo esta los efectos de la notificación, en los **siguientes casos**:

A) Cuando el acto tenga por destinatario a una **pluralidad indeterminada** de **personas** o cuando la Administración **estime** que la **notificación** efectuada **a un** solo interesado **es insuficiente** para garantizar la notificación a todos, **siendo**, en este último caso, **adicional a la individualmente** realizada.

B) Cuando se trate de actos **integrantes** de un **procedimiento selectivo** o de **concurrencia competitiva** de cualquier tipo. En este caso, la convocatoria del procedimiento deberá indicar el medio donde se efectuarán las sucesivas publicaciones, careciendo de validez las que se lleven a cabo en lugares distintos.

2. La publicación de un acto deberá contener los **mismos elementos** que el artículo 40.2 exige respecto de las **notificaciones**. Será también aplicable a la publicación lo establecido en el apartado 3 del mismo artículo.

Notas:

En los supuestos de **publicaciones** de actos que contengan **elementos comunes**, podrán publicarse de forma conjunta los **aspectos coincidentes**, especificándose solamente los aspectos individuales de cada acto.

3. La publicación de los actos se realizará **en el Diario oficial que corresponda**, según cual sea la Administración de la que proceda el acto a notificar.

4. Sin perjuicio de lo dispuesto en el artículo 44, la publicación de actos y comunicaciones que, por disposición **legal** o **reglamentaria** deba practicarse en **tablón** de anuncios o edictos, **se entenderá cumplida** por su publicación en el **Diario oficial** correspondiente.

ARTÍCULO 46
INDICACIÓN DE NOTIFICACIONES Y PUBLICACIONES

Si el órgano competente apreciase que la notificación por medio de anuncios o la publicación de un acto **lesiona derechos o intereses legítimos**, **se limitará** a **publicar** en el Diario oficial que corresponda **una somera indicación** del **contenido** del acto y del **lugar** donde los interesados podrán comparecer, en el **plazo** que se establezca, **para conocimiento del contenido íntegro** del mencionado acto **y constancia** de tal conocimiento.

Adicionalmente y de manera facultativa, las Administraciones podrán establecer **otras formas** de **notificación complementarias** a través de los restantes medios de difusión que no excluirán la obligación de publicar en el correspondiente Diario oficial.

CAPÍTULO III
NULIDAD Y ANULABILIDAD

ARTÍCULO 47
NULIDAD DE PLENO DERECHO

1. Los **actos** de las Administraciones Públicas son **nulos** de pleno derecho en los **casos** siguientes:

A) Los que **lesionen** los **derechos** y **libertades susceptibles** de **amparo constitucional**.

B) Los dictados por órgano **manifiestamente incompetente** por razón de la **materia** o del **territorio**.

C) Los que tengan un **contenido imposible**.

D) Los que sean **constitutivos** de **infracción penal** o se dicten como consecuencia de esta.

E) Los **dictados prescindiendo total** y **absolutamente** del **procedimiento legalmente establecido** o de las **normas** que contienen las reglas esenciales para la formación de la **voluntad** de los **órganos colegiados**.

F) Los actos **expresos o presuntos contrarios** al or**denamiento jurídico** por los que se **adquieren facultades** o **derechos** cuando se **carezca** de los **requisitos esenciales** para su adquisición.

G) Cualquier **otro** que se establezca expresamente en una disposición con **rango** de **Ley**.

2. También serán nulas de pleno derecho **las disposiciones administrativas** que **vulneren** la **Constitución**, las **leyes** u **otras** disposiciones administrativas de **rango superior**, las que **regulen materias** reservadas a la **Ley**, y las que **establezcan** la **retroactividad** de disposiciones **sancionadoras no favorables o restrictivas** de **derechos individuales**.

ARTÍCULO 48
ANULABILIDAD

1. Son **anulables** los actos de la Administración que incurran en cualquier infracción del ordenamiento jurídico, **incluso la desviación de poder**.

2. No obstante, el **defecto de forma** solo determinará la anulabilidad cuando el acto carezca de los **requisitos formales indispensables** para alcanzar su fin o dé lugar a la indefensión de los interesados.

3. La realización de **actuaciones administrativas fuera del tiempo** establecido para ellas **solo** implicará la anulabilidad del acto cuando **así lo imponga la naturaleza del término o plazo**.

ARTÍCULO 49
LÍMITES A LA EXTENSIÓN DE LA NULIDAD
O ANULABILIDAD DE LOS ACTOS

1. La **nulidad o anulabilidad** de un acto **no implicará la de los sucesivos** en el procedimiento **que sean independientes** del primero.

2. La **nulidad o anulabilidad en parte del acto** administrativo **no implicará** la de las **partes** del **mismo independientes** de aquella, **salvo** que la parte viciada sea de tal importancia que sin ella el acto administrativo no hubiera sido dictado.

Notas:
_____
_____
_____
_____
_____
_____
_____
_____
_____

ARTÍCULO 50
CONVERSIÓN DE ACTOS VICIADOS

Los actos **nulos o anulables** que, sin embargo, **contengan** los **elementos constitutivos** de otro distinto **producirán** los **efectos** de **este**.

ARTÍCULO 51
CONSERVACIÓN DE ACTOS Y TRÁMITES

El **órgano** que **declare** la **nulidad o anule** las actuaciones **dispondrá siempre** la **conservación** de **aquellos actos** y **trámites** cuyo **contenido se hubiera mantenido igual de no haberse cometido la infracción**.

ARTÍCULO 52
CONVALIDACIÓN

1. La Administración **podrá convalidar los actos anulable**s, **subsanando** los **vicios** de que adolezcan.

2. El acto de convalidación **producirá efecto** desde su fecha, **salvo** lo **dispuesto** en el artículo 39.3 para la **retroactividad** de los actos administrativos.

3. Si el vicio consistiera en **incompetencia no determinante de nulidad**, la convalidación podrá realizarse por el **órgano competente cuando sea superior jerárquico** del que dictó el acto viciado.

4. Si el vicio consistiese en la **falta de alguna autorización**, podrá ser convalidado el acto **mediante** el **otorgamiento** de la misma por el órgano competente.

Nadie es como tú, y ese es tu PODER.

CINTHIA MOURE

TÍTULO
04

De las disposiciones
sobre el procedimiento
administrativo común

GARANTÍAS DEL PROCEDIMIENTO

ARTÍCULO 53

DERECHOS DEL INTERESADO EN EL PROCEDIMIENTO ADMINISTRATIVO

1. **Además del resto de derechos previstos** en esta Ley, **los interesados** en un procedimiento administrativo, tienen los siguientes derechos:

A) A **conocer**, en **cualquier momento**, el estado de la tramitación de los procedimientos en los que tengan la condición de interesados; el **sentido del silencio** administrativo que corresponda, en caso de que la Administración no dicte ni notifique resolución expresa en plazo; el **órgano competente** para su instrucción, en su caso, y resolución; y los **actos de trámite dictados**. Asimismo, también tendrán derecho a **acceder y a obtener copia** de los **documentos** contenidos en los citados procedimientos.

Quienes se relacionen con las Administraciones Públicas a través de **medios electrónicos**, tendrán **derecho a consultar la información** a la que se refiere el párrafo anterior, en el **Punto de Acceso General electrónico** de la Administración que funcionará como un portal de acceso. Se entenderá **cumplida** la obligación de la Administración de facilitar copias de los documentos contenidos en los procedimientos **mediante la puesta a disposición** de las mismas en el Punto de Acceso General electrónico de la Administración competente o en las sedes electrónicas que correspondan.

B) A **identificar** a las **autoridades** y al **personal** al **servicio** de las Administraciones Públicas **bajo cuya responsabilidad** se tramiten los procedimientos.

C) A **no presentar documentos originales salvo** que, de manera excepcional, la normativa reguladora aplicable establezca lo contrario. En caso de que, **excepcionalmente**, deban presentar un documento original, tendrán **derecho** a obtener una **copia autenticada** de este.

D) A **no presentar datos y documentos no exigidos** por las normas aplicables al procedimiento de que se trate, que ya se encuentren en poder de las Administraciones Públicas o que hayan sido elaborados por estas.

E) A **formular alegaciones**, **utilizar** los **medios de defensa admitidos** por el Ordenamiento Jurídico, y a **aportar documentos** en **cualquier fase** del procedimiento **anterior al trámite de audiencia**, que **deberán ser tenidos en cuenta** por el **órgano competente** al redactar la propuesta de resolución.

F) A obtener **información y orientación** acerca de los requisitos jurídicos o técnicos que las disposiciones vigentes impongan a los proyectos, actuaciones o solicitudes que se propongan realizar.

Notas:

G) A **actuar asistidos de asesor** cuando lo consideren conveniente en defensa de sus intereses.

H) A **cumplir las obligaciones de pago** a través de los **medios electrónicos** previstos en el artículo 98.2.

I) Cualesquiera otros que les reconozcan la **Constitución y las leyes**.

2. Además de los derechos previstos en el apartado anterior, **en el caso de procedimientos administrativos** de **naturaleza sancionadora**, los **presuntos responsables** tendrán los siguientes derechos:

A) **A ser notificado de los hechos que se le imputen**, de las **infracciones** que tales hechos puedan constituir y de las **sanciones** que, en su caso, se les pudieran imponer, así como de la **identidad** del instructor, de la **autoridad** competente para imponer la sanción y de la **norma** que atribuya tal competencia.

B) A la **presunción** de **no existencia de responsabilidad** administrativa **mientras** no se demuestre lo contrario.

CAPÍTULO II
INICIACIÓN DEL PROCEDIMIENTO

SECCIÓN 1.ª
DISPOSICIONES GENERALES

ARTÍCULO 54
CLASES DE INICIACIÓN

Los **procedimientos** podrán **iniciarse** de **oficio o a solicitud del interesado**.

ARTÍCULO 55
INFORMACIÓN Y ACTUACIONES PREVIAS

1. Con anterioridad al inicio del procedimiento, el órgano competente podrá abrir un período de información o actuaciones previas con el fin de **conocer** las **circunstancias** del **caso** concreto **y la conveniencia o no de iniciar el procedimiento**.

2. En el caso de procedimientos de **naturaleza sancionadora** las actuaciones previas **se orientarán a determinar**, con **la mayor precisión posible**, los **hechos** susceptibles de motivar la incoación del procedimiento, la identificación de la **persona** o personas que pudieran resultar **responsables** y las **circunstancias relevantes** que concurran en unos y otros.

Las actuaciones previas serán realizadas por los **órganos** que tengan atribuidas **funciones** de **investigación**, **averiguación** e **inspección** en la materia y, en defecto de estos, por la persona u órgano administrativo que se determine por el órgano competente para la iniciación o resolucióndel procedimiento.

ARTÍCULO 56
MEDIDAS PROVISIONALES

1. Iniciado el procedimiento, el órgano administrativo competente para resolver, podrá adoptar, de oficio o a instancia de parte y de forma motivada, las medidas provisionales que estime oportunas para **asegurar la eficacia de la resolución** que **pudiera recaer**, **si existiesen elementos de juicio suficientes para ello**, de acuerdo con los principios de **proporcionalidad**, **efectividad** y **menor onerosidad**.

2. Antes de la iniciación del procedimiento administrativo, el órgano competente para iniciar o instruir el procedimiento, de oficio o a instancia de parte, en los casos de **urgencia inaplazable** y para la **protección provisional de los intereses implicados**, podrá adoptar de forma **motivada** las medidas provisionales que resulten **necesarias y proporcionadas**. Las medidas provisionales deberán ser **confirmadas**, **modificadas** o **levantadas** en el **acuerdo de iniciación** del procedimiento, que deberá efectuarse **dentro de los 15 días siguientes a su adopción**, el cual **podrá ser objeto** del **recurso** que proceda.

En todo caso, dichas medidas **quedarán sin efecto** si no se inicia el procedimiento en dicho plazo o cuando el acuerdo de iniciación no contenga un pronunciamiento expreso acerca de las mismas.

3. De acuerdo con lo previsto en los dos apartados anteriores, podrán acordarse las siguientes **medidas provisionales**, en los términos previstos en la Ley 1/2000, de 7 de enero, de Enjuiciamiento Civil:

- **A) Suspensión temporal** de actividades.

- **B) Prestación** de **fianzas**.

- **C) Retirada** o **intervención** de bienes productivos o suspensión temporal de servicios por razones de sanidad, higiene o seguridad, el cierre temporal del establecimiento por estas u otras causas previstas en la normativa reguladora aplicable.

- **D) Embargo preventivo** de bienes, rentas y cosas fungibles computables en metálico por aplicación de precios ciertos.

- **E)** El **depósito**, **retención** o **inmovilización** de cosa mueble.

- **F)** La **intervención** y **depósito** de **ingresos** obtenidos mediante una actividad que se considere ilícita y cuya prohibición o cesación se pretenda.

- **G) Consignación** o **constitución** de **depósito** de las cantidades que se reclamen.

- **H)** La **retención** de **ingresos a cuenta** que deban abonar las Administraciones Públicas.

Notas:

----

l) Aquellas otras medidas que, para la protección de los derechos de los interesados, prevean expresamente las leyes, o que se estimen necesarias para asegurar la efectividad de la resolución.

4. No se podrán **adoptar** medidas provisionales que **puedan causar perjuicio** de **difícil o imposible reparación** a los interesados **o** que **impliquen violación de derechos amparados por las leyes**.

5. Las medidas provisionales podrán ser **alzadas o modificadas durante** la **tramitación** del procedimiento, de oficio o a instancia de parte, en virtud de **circunstancias sobrevenidas** o que **no pudieron ser tenidas en cuenta** en el momento de su adopción.

En todo caso, **se extinguirán cuando surta efectos la resolución administrativa** que ponga fin al procedimiento correspondiente.

ARTÍCULO 57
ACUMULACIÓN

El órgano administrativo que inicie o tramite un procedimiento, cualquiera que haya sido la forma de su iniciación, podrá disponer, de oficio o a instancia de parte, **su acumulación a otros con los que guarde identidad sustancial o íntima conexión**, siempre que sea el **mismo órgano** quien deba **tramitar** y **resolver** el procedimiento.

Contra el acuerdo de acumulación **no procederá recurso** alguno.

SECCIÓN 2.ª
INICIACIÓN DEL PROCEDIMIENTO DE OFICIO POR LA ADMINISTRACIÓN

ARTÍCULO 58
INICIACIÓN DE OFICIO

Los procedimientos se iniciarán **de oficio** por **acuerdo del órgano competente**, bien por **propia iniciativa** o como consecuencia de **orden superior**, a **petición razonada de otros órganos** o por **denuncia**.

ARTÍCULO 59
INICIO DEL PROCEDIMIENTO A PROPIA INICIATIVA

Se entiende por **propia iniciativa**, la **actuación derivada** del **conocimiento directo** o **indirecto** de las **circunstancias**, **conductas** o **hechos objeto** del procedimiento por el órgano que tiene atribuida la competencia de iniciación.

ARTÍCULO 60
INICIO DEL PROCEDIMIENTO
COMO CONSECUENCIA DE ORDEN SUPERIOR

1. Se entiende por **orden superior**, la **emitida por un órgano administrativo superior jerárquico** del competente para la iniciación del procedimiento.

2. En los procedimientos de **naturaleza sancionadora**, la **orden expresará**, en la medida de lo posible, la **persona** o personas presuntamente **responsables**; las **conductas o hechos** que pudieran constituir infracción administrativa y su tipificación; así como el **lugar**, la **fecha**, fechas o período de tiempo continuado en que los hechos se produjeron.

ARTÍCULO 61
INICIO DEL PROCEDIMIENTO
POR PETICIÓN RAZONADA DE OTROS ÓRGANOS

1. Se entiende por **petición razonada**, la **propuesta** de iniciación del procedimiento formulada por cualquier órgano administrativo que no tiene competencia para iniciar el mismo y que **ha tenido conocimiento** de las circunstancias, conductas o hechos objeto del procedimiento, bien **ocasionalmente** o bien por **tener atribuidas funciones de inspección, averiguación o investigación**.

2. La petición **no vincula** al órgano competente para iniciar el procedimiento, si bien deberá **comunicar** al órgano que la hubiera formulado los **motivos** por los que, en su caso, **no procede la iniciación**.

3. En los procedimientos de naturaleza **sancionadora**, las peticiones deberán **especificar**, en la medida de lo posible, la persona o **personas** presuntamente **responsables**; las **conductas o hechos** que pudieran constituir **infracción administrativa** y su **tipificación**; así como el **lugar**, la **fecha, fechas o período de tiempo** continuado en que los hechos se produjeron.

4. En los procedimientos de **responsabilidad patrimonial**, la petición deberá **individualizar** la lesión producida en **una persona o grupo** de personas, su **relación** de causalidad con el **funcionamiento** del servicio público, su **evaluación** económica si fuera posible, y el **momento** en que la lesión efectivamente se produjo.

Notas:

ARTÍCULO 62

INICIO DEL PROCEDIMIENTO POR DENUNCIA

1. Se entiende por **denuncia**, el **acto** por el que **cualquier persona**, en **cumplimiento o no** de una **obligación legal**, pone en conocimiento de un **órgano** administrativo la **existencia** de un determinado **hecho** que **pudiera justificar** la iniciación de oficio de un procedimiento administrativo.

2. Las denuncias deberán **expresar** la identidad de la persona o personas que las presentan y el **relato** de los **hechos** que se ponen en conocimiento de la Administración. Cuando dichos hechos pudieran constituir una **infracción administrativa**, recogerán la **fecha de su comisión** y, cuando sea posible, la **identificación** de los **presuntos responsables**.

3. Cuando la denuncia invocara un **perjuicio** en el **patrimonio** de las Administraciones Públicas la **no iniciación** del procedimiento deberá ser **motivada** y **se notificará** a los **denunciantes** la decisión de si se ha **iniciado o no** el procedimiento.

4. Cuando el **denunciante** haya **participado** en la **comisión** de una **infracción** de esta naturaleza y **existan otros** infractores, el órgano competente para resolver el procedimiento **deberá eximir** al denunciante del **pago de la multa** que le correspondería u otro tipo de sanción de carácter no pecuniario, cuando sea el **primero** en aportar elementos de prueba que permitan iniciar el procedimiento o comprobar la infracción, siempre y cuando en el momento de aportarse aquellos **no** se disponga de **elementos suficientes** para ordenar la misma y **se repare el perjuicio** causado.

Asimismo, el órgano competente para resolver deberá **reducir el importe** del pago de la multa que le correspondería o, en su caso, la sanción de carácter no pecuniario, cuando no cumpliéndose alguna de las condiciones anteriores, el denunciante **facilite elementos** de prueba que aporten un **valor añadido** significativo respecto de aquellos de los que se disponga.

En ambos casos será necesario que el denunciante **cese** en la participación de la infracción y **no haya destruido** elementos de **prueba** relacionados con el objeto de la denuncia.

5. La presentación de una denuncia **no confiere**, **por sí sola**, la **condición** de **interesado** en el procedimiento.

ARTÍCULO 63

ESPECIALIDADES EN EL INICIO DE LOS PROCEDIMIENTOS DE NATURALEZA SANCIONADORA

1. Los procedimientos de naturaleza sancionadora se iniciarán **siempre de oficio** por **acuerdo** del órgano **competente** y establecerán la **debida separación** entre la **fase instructora** y la **sancionadora**, que se encomendará a **órganos distintos**.

Se considerará que un órgano es **competente** para iniciar el procedimiento cuando **así** lo **determinen** las **normas reguladoras** del mismo.

2. En **ningún caso** se podrá imponer una **sanción sin** que se haya **tramitado** el **oportuno procedimiento**.

3. No se podrán iniciar nuevos procedimientos de carácter **sancionador** por hechos o conductas tipificadas como infracciones en cuya **comisión** el **infractor persista de forma continuada, en tanto no** haya **recaído** una **primera resolución sancionadora**, con **carácter ejecutivo**.

ARTÍCULO 64
ACUERDO DE INICIACIÓN EN LOS PROCEDIMIENTOS DE NATURALEZA SANCIONADORA

1. El acuerdo de iniciación **se comunicará al instructor** del procedimiento, con **traslado** de cuantas **actuaciones** existan al respecto, y **se notificará** a los **interesados**, entendiendo en todo caso por tal al **inculpado**.

Asimismo, la incoación se **comunicará** al **denunciante** cuando las **normas reguladoras** del procedimiento así lo **prevean**.

2. El **acuerdo** de iniciación deberá **contener al menos**:

A) Identificación de la persona o personas **presuntamente responsables**.

B) Los **hechos** que motivan la incoación del procedimiento, su posible **calificación** y las **sanciones** que **pudieran** corresponder, sin perjuicio de lo que resulte de la **instrucción**.

C) Identificación del **instructor** y, en su caso, **Secretario** del procedimiento, con expresa indicación del **régimen de recusación** de los mismos.

D) Órgano competente para la **resolución** del procedimiento **y norma que le atribuya tal competencia**, indicando la posibilidad de que el presunto responsable pueda reconocer voluntariamente su responsabilidad, con los efectos previstos en el artículo 85.

E) Medidas de **carácter provisional** que se hayan acordado por el órgano competente para iniciar el procedimiento sancionador, sin perjuicio de las que se puedan adoptar durante el mismo de conformidad con el artículo 56.

F) Indicación del **derecho** a formular **alegaciones** y a la **audiencia** en el procedimiento y de los **plazos para su ejercicio**, así como indicación de que, en caso de no efectuar alegaciones en el plazo previsto sobre el contenido del acuerdo de iniciación, este **podrá ser considerado** propuesta de resolución cuando contenga un **pronunciamiento preciso** acerca de la **responsabilidad imputada**.

Notas:
_____
_____
_____
_____
_____

3. Excepcionalmente, cuando en el momento de dictar el acuerdo de iniciación **no existan elementos suficientes** para la **calificación inicial** de los hechos que motivan la incoación del procedimiento, la citada calificación **podrá realizarse** en una **fase posterior** mediante la elaboración de un **Pliego de cargos**, que deberá ser **notificado** a los **interesados**.

ARTÍCULO 65
ESPECIALIDADES EN EL INICIO DE OFICIO DE LOS PROCEDIMIENTOS DE RESPONSABILIDAD PATRIMONIAL

1. Cuando las Administraciones Públicas decidan iniciar **de oficio** un procedimiento de **responsabilidad patrimonial** será necesario que **no haya prescrito** el **derecho** a la reclamación del interesado al que se refiere el **artículo 67**.

2. El acuerdo de iniciación del procedimiento **se notificará a los particulares presuntamente lesionados**, concediéndoles un plazo de **10 días** para que **aporten** cuantas **alegaciones**, **documentos** o **información** estimen **conveniente** a su derecho y propongan cuantas **pruebas** sean **pertinentes** para el reconocimiento del mismo. El procedimiento iniciado **se instruirá aunque** los **particulares** presuntamente lesionados **no se personen** en el plazo establecido.

SECCIÓN 3.ª
INICIO DEL PROCEDIMIENTO A SOLICITUD DEL INTERESADO

ARTÍCULO 66
SOLICITUDES DE INICIACIÓN

1. Las solicitudes que se formulen **deberán contener**:

A) **Nombre** y **apellidos** del **interesado** y, en su caso, de la **persona** que lo **represente**.

B) **Identificación** del **medio electrónico**, o en su defecto, **lugar físico** en que desea que se practique la notificación. **Adicionalmente**, los interesados podrán aportar su dirección de **correo electrónico** y/o **dispositivo electrónico** con el fin de que las Administraciones Públicas **les avisen** del **envío** o **puesta a disposición** de la notificación.

C) **Hechos, razones y petición** en que se concrete, con toda claridad, la solicitud.

D) **Lugar y fecha**.

E) **Firma** del solicitante o acreditación de la **autenticidad de su voluntad** expresada por cualquier medio.

F) **Órgano, centro o unidad administrativa a la que se dirige** y su correspondiente **código de identificación**.

Las **oficinas** de **asistencia en materia de registros** estarán **obligadas** a **facilitar** a los interesados el **código de identificación si el interesado lo desconoce**. Asimismo, las Administraciones Públicas deberán **mantener y actualizar** en la sede electrónica correspondiente un **listado con los códigos de identificación vigentes**.

2. Cuando las pretensiones correspondientes a una **pluralidad de personas** tengan un **contenido** y fundamento idéntico o sustancialmente similar, **podrán ser formuladas** en una **única solicitud**, **salvo** que las normas reguladoras de los **procedimientos específicos** dispongan **otra cosa**.

3. De las solicitudes, comunicaciones y escritos que presenten los interesados electrónicamente o en las oficinas de asistencia en materia de registros de la Administración, podrán estos **exigir el correspondiente recibo** que **acredite** la **fecha** y **hora** de **presentación**.

4. Las **Administraciones Públicas** deberán establecer **modelos** y **sistemas** de **presentación masiva** que permitan a los interesados presentar simultáneamente varias solicitudes. Estos modelos, de uso voluntario, estarán **a disposición de los interesados** en las correspondientes **sedes electrónicas** y en las **oficinas de asistencia** en materia de **registros** de las Administraciones Públicas.

Los solicitantes **podrán acompañar** los **elementos** que **estimen convenientes** para precisar o completar los datos del modelo, los cuales deberán ser **admitidos** y **tenidos** en **cuenta** por el órgano al que se dirijan.

5. Los **sistemas normalizados** de **solicitud podrán incluir** comprobaciones automáticas de la información aportada respecto de **datos almacenados** en sistemas **propios** o **pertenecientes** a otras Administraciones **u ofrecer el formulario cumplimentado**, en **todo** o en **parte**, con objeto de que el **interesado verifique** la **información** y, en su caso, la **modifique** y **complete**.

6. Cuando la **Administración** en un procedimiento concreto **establezca** expresamente **modelos específicos** de presentación de solicitudes, estos **serán de uso obligatorio** por **los interesados**.

ARTÍCULO 67
SOLICITUDES DE INICIACIÓN EN LOS PROCEDIMIENTOS DE RESPONSABILIDAD PATRIMONIAL

1. Los interesados **solo** podrán **solicitar** el **inicio** de un **procedimiento** de **responsabilidad patrimonial**, cuando **no haya prescrito** su **derecho** a **reclamar**. El derecho a reclamar prescribirá **al año de producido** el **hecho** o el **acto** que **motive** la **indemnización** o **se manifieste su efecto lesivo**. En caso de daños de carácter **físico** o **psíquico** a las **personas**, el plazo empezará a computarse **desde** la **curación** o la **determinación** del **alcance** de las **secuelas**.

Notas:

En los casos en que proceda **reconocer derecho a indemnización** por **anulación** en **vía administrativa** o contencioso-administrativa de un acto o disposición de carácter general, el derecho a reclamar prescribirá al año de **haberse notificado** la **resolución** administrativa **o la sentencia definitiva**.

En los casos de **responsabilidad patrimonial** a que se refiere el artículo 32, apartados 4 y 5, de la Ley de Régimen Jurídico del Sector Público, el derecho a reclamar prescribirá **al año** de la **publicación** en el **«Boletín Oficial del Estado»** o en el **«Diario Oficial de la Unión Europea»**, según el caso, de la **sentencia** que **declare** la **inconstitucionalidad** de la norma o su carácter contrario al Derecho de la Unión Europea.

2. Además de lo **previsto** en el **artículo 66**, en la solicitud que realicen los interesados se deberán **especificar** las **lesiones producidas**, la **presunta relación** de **causalidad** entre estas y el funcionamiento del servicio público, la **evaluación económica** de la responsabilidad patrimonial, si fuera posible, y el **momento** en que la lesión efectivamente se produjo, e irá acompañada de cuantas **alegaciones**, **documentos** e **informaciones** se estimen oportunos y de la proposición de prueba, concretando los medios de que pretenda valerse el reclamante.

ARTÍCULO 68
SUBSANACIÓN Y MEJORA DE LA SOLICITUD

1. Si la solicitud de iniciación **no reúne** los **requisitos** que señala el artículo 66, y, en su caso, los que señala el artículo 67 u otros exigidos por la legislación específica aplicable, **se requerirá** al **interesado** para que, en un **plazo de 10 días**, subsane la **falta o acompañe los documentos preceptivos**, con indicación de que, **si así no lo hiciera**, se le tendrá por **desistido** de su **petición**, **previa resolución** que deberá ser dictada en los términos previstos en el artículo 21.

2. Siempre que **no** se trate de **procedimientos selectivos** o de **concurrencia** competitiva, este plazo podrá ser **ampliado prudencialmente**, **hasta 5 días**, a petición del interesado o a iniciativa del órgano, cuando la aportación de los documentos requeridos presente **dificultades especiales**.

3. En los **procedimientos iniciados a solicitud** de los **interesados**, el órgano competente podrá **recabar** del solicitante la **modificación** o **mejora voluntarias** de los términos de aquella. De ello se levantará **acta sucinta**, que se incorporará al procedimiento.

4. Si alguno de los **sujetos** a los que hace referencia el **artículo 14.2 y 3** presenta su solicitud **presencialmente**, las Administraciones Públicas **requerirán** al interesado para que la subsane a través de su **presentación electrónica**. A estos efectos, se considerará como **fecha** de **presentación** de la solicitud aquella **en la que** haya sido **realizada** la **subsanación**.

ARTÍCULO 69
DECLARACIÓN RESPONSABLE Y COMUNICACIÓN

1. A los efectos de esta Ley, **se entenderá por declaración responsable** el **documento suscrito** por un **interesado** en el que este **manifiesta**, **bajo** su **responsabilidad**, que **cumple** con los **requisitos** establecidos en la normativa vigente para obtener el reconocimiento de un derecho o facultad o para su ejercicio, que **dispone de la documentación** que así lo acredita, que la **pondrá a disposición** de la Administración cuando le sea requerida, y que **se compromete a mantener** el cumplimiento de las anteriores obligaciones durante el período de tiempo inherente a dicho reconocimiento o ejercicio.

Los requisitos a los que se refiere el párrafo anterior deberán estar recogidos de manera **expresa**, **clara** y **precisa** en la correspondiente declaración responsable. Las **Administraciones** podrán **requerir** en **cualquier momento** que **se aporte** la **documentación** que acredite el cumplimiento de los mencionados requisitos **y el interesado deberá aportarla**.

2. A los efectos de esta Ley, **se entenderá por comunicación** aquel **documento** mediante el que los **interesados ponen en conocimiento** de la Administración Pública competente sus datos identificativos o cualquier otro dato **relevante** para el **inicio** de una **actividad** o el **ejercicio** de un **derecho**.

3. Las declaraciones responsables y las comunicaciones **permitirán**, el **reconocimiento** o **ejercicio** de un **derecho** o bien el **inicio** de una **actividad**, **desde** el **día de su presentación**, **sin perjuicio** de las **facultades** de **comprobación**, **control** e **inspección** que tengan atribuidas las **Administraciones Públicas**.

No obstante lo dispuesto en el párrafo anterior, la comunicación **podrá presentarse** dentro de un **plazo posterior** al inicio de la actividad **cuando** la **legislación** correspondiente lo **prevea expresamente**.

4. La **inexactitud**, **falsedad** u **omisión**, de **carácter esencial**, de cualquier dato o información que se incorpore a una declaración responsable o a una comunicación, o la no **presentación** ante la Administración competente de la declaración responsable, la documentación que sea en su caso requerida para acreditar el cumplimiento de lo declarado, o la comunicación, determinará la **imposibilidad** de **continuar** con el **ejercicio** del derecho o actividad afectada desde el momento en que se tenga constancia de tales hechos, **sin perjuicio** de las **responsabilidades penales**, **civiles** o **administrativas** a que hubiera lugar.

Asimismo, la resolución de la Administración Pública que declare tales circunstancias podrá determinar la obligación del interesado de **restituir la situación jurídica** al **momento previo** al reconocimiento o al ejercicio del derecho o al inicio de la actividad correspondiente, así como la **imposibilidad** de **instar** un **nuevo** procedimiento con el mismo objeto

Notas:

durante un **período** de **tiempo determinado** por **la ley**, todo ello conforme a los términos establecidos en las normas sectoriales de aplicación.

5. Las **Administraciones** Públicas tendrán **permanentemente publicados** y **actualizados modelos** de declaración responsable y de comunicación, **fácilmente accesibles** a los interesados.

6. Únicamente será exigible, bien **una** declaración responsable, bien una comunicación para iniciar una misma actividad u obtener el reconocimiento de un mismo derecho o facultad para su ejercicio, **sin que sea posible la exigencia de ambas acumulativamente**.

CAPÍTULO III
ORDENACIÓN DEL PROCEDIMIENTO

ARTÍCULO 70
EXPEDIENTE ADMINISTRATIVO

1. Se entiende por expediente administrativo el **conjunto ordenado** de **documentos** y **actuaciones** que **sirven** de **antecedente** y **fundamento** a la **resolución administrativa**, **así como** las **diligencias encaminadas** a **ejecutarla**.

2. Los expedientes tendrán **formato electrónico** y se formarán mediante la **agregación ordenada** de cuantos **documentos**, **pruebas**, **dictámenes**, **informes**, **acuerdos**, **notificaciones** y **demás diligencias** deban integrarlos, **así como un índice numerado** de todos los **documentos** que contenga **cuando se remita**. Asimismo, deberá constar en el expediente **copia electrónica certificada** de la **resolución adoptada**.

3. Cuando en virtud de una norma **sea preciso remitir el expediente electrónico**, se hará **de acuerdo** con lo previsto en el Esquema Nacional de Interoperabilidad y en las correspondientes **Normas Técnicas de Interoperabilidad**, y se enviará **completo, foliado, autentificado** y acompañado de un **índice**, asimismo **autentificado**, de los **documentos que contenga**. La autenticación del citado índice **garantizará la integridad e inmutabilidad** del **expediente electrónico** generado desde el momento de su firma y **permitirá** su **recuperación** siempre que sea preciso, siendo admisible que **un mismo documento forme** parte de **distintos expedientes electrónicos**.

4. No formará parte del expediente administrativo la **información** que tenga **carácter auxiliar** o **de apoyo**, como la contenida en **aplicaciones**, **ficheros** y **bases de datos** informáticas, **notas**, **borradores**, **opiniones**, **resúmenes**, **comunicaciones** e **informes internos** o entre órganos o entidades administrativas, así como los **juicios de valor** emitidos por las Administraciones Públicas, **salvo** que se trate de **informes, preceptivos y facultativos**, **solicitados antes de la resolución** administrativa que ponga fin al procedimiento.

CINTHIA MOURE

ARTÍCULO 71
IMPULSO

1. El procedimiento, sometido al **principio de celeridad**, se impulsará **de oficio** en **todos sus trámites** y **a través de medios electrónicos**, respetando los **principios** de **transparencia** y **publicidad**.

2. En el despacho de los expedientes se guardará el **orden riguroso de incoación** en asuntos de **homogénea naturaleza**, **salvo** que por el titular de la unidad administrativa se dé **orden motivada en contrario**, de la que quede **constancia**.

El **incumplimiento** de lo dispuesto en el párrafo anterior dará lugar a la **exigencia** de **responsabilidad disciplinaria** del **infractor** y, en su caso, será causa de **remoción del puesto de trabajo**.

3. Las personas designadas como órgano **instructor o**, en su caso, los **titulares** de las unidades administrativas que tengan atribuida tal función serán **responsables directos** de la **tramitación** del procedimiento y, **en especial**, del **cumplimiento** de los **plazos establecidos**.

ARTÍCULO 72
CONCENTRACIÓN DE TRÁMITES

1. De acuerdo con el **principio de simplificación administrativa**, **se acordarán** en **un solo acto todos los trámites que**, por su **naturaleza**, **admitan** un **impulso simultáneo** y **no sea obligado su cumplimiento sucesivo**.

2. Al **solicitar** los **trámites** que deban ser cumplidos por **otros órganos**, deberá **consignarse en la comunicación cursada el plazo legal** establecido al efecto.

ARTÍCULO 73
CUMPLIMIENTO DE TRÁMITES

1. Los trámites que deban ser **cumplimentados por los interesados** deberán realizarse en el **plazo de 10 días** a partir del **siguiente** al de la **notificación** del correspondiente acto, **salvo** en el caso de que en la **norma** correspondiente se **fije plazo distinto**.

2. En **cualquier momento del procedimiento**, cuando la **Administración considere** que alguno de los **actos** de los **interesados no reúne** los **requisitos** necesarios, lo pondrá en **conocimiento** de su **autor**, **concediéndole** un **plazo de 10 días** para cumplimentarlo.

Notas:

----

3. A los interesados que no cumplan lo dispuesto en los apartados anteriores, **se les podrá declarar decaídos** en su **derecho al trámite** correspondiente. No obstante, **se admitirá** la actuación del interesado y producirá sus efectos legales, si se produjera **antes o dentro del día** que **se notifique** la **resolución** en la que **se tenga** por **transcurrido el plazo**.

ARTÍCULO 74
CUESTIONES INCIDENTALES

Las cuestiones incidentales que **se susciten en el procedimiento, incluso** las que se refieran a la **nulidad** de **actuaciones, no suspenderán** la **tramitación** del **mismo, salvo la recusación**.

CAPÍTULO IV
INSTRUCCIÓN DEL PROCEDIMIENTO

SECCIÓN 1.ª
DISPOSICIONES GENERALES

ARTÍCULO 75
ACTOS DE INSTRUCCIÓN

1. Los actos de instrucción necesarios para la determinación, conocimiento y comprobación de los hechos en virtud de los cuales deba pronunciarse la resolución, **se realizarán de oficio** y **a través de medios electrónicos**, por el órgano que tramite el procedimiento, sin perjuicio del derecho de los interesados a proponer aquellas actuaciones que requieran su intervención o constituyan **trámites legal** o **reglamentariamente** establecidos.

2. Las **aplicaciones** y **sistemas** de información utilizados para la instrucción de los procedimientos deberán **garantizar** el **control** de los **tiempos** y **plazos**, la **identificación** de los **órganos responsables** y la **tramitación ordenada** de los **expedientes**, así como **facilitar** la **simplificación** y la **publicidad** de los **procedimientos**.

3. Los actos de instrucción que **requieran** la **intervención** de los **interesados** habrán de **practicarse** en la **forma** que resulte **más conveniente** para ellos y sea **compatible, en la medida de lo posible**, con sus **obligaciones laborales** o **profesionales**.

4. En cualquier caso, el órgano instructor **adoptará** las **medidas necesarias** para **lograr** el **pleno respeto** a los **principios** de **contradicción** y de **igualdad** de los interesados en el procedimiento.

ARTÍCULO 76
ALEGACIONES

1. Los interesados podrán, **en cualquier momento** del procedimiento **anterior** al **trámite** de **audiencia**, aducir **alegaciones** y aportar **documentos** u **otros elementos de juicio**.

Unos y otros serán **tenidos en cuenta** por el órgano **competente** al redactar la correspondiente **propuesta** de **resolución**.

2. En todo momento podrán los interesados **alegar los defectos de tramitación** y, en **especial**, los que supongan **paralización**, **infracción** de los **plazos preceptivamente** señalados o la **omisión de trámites** que pueden ser subsanados antes de la resolución definitiva del asunto. Dichas alegaciones **podrán dar lugar**, si hubiere razones para ello, a la **exigencia** de la **correspondiente responsabilidad disciplinaria**.

SECCIÓN 2.ª
PRUEBA

ARTÍCULO 77
MEDIOS Y PERÍODO DE PRUEBA

1. Los **hechos relevantes** para la **decisión** de un **procedimiento** podrán **acreditarse** por **cualquier medio** de **prueba admisible** en **Derecho**, cuya valoración se realizará de acuerdo con los criterios establecidos en la Ley 1/2000, de 7 de enero, de Enjuiciamiento Civil.

2. Cuando la Administración **no tenga por ciertos** los **hechos alegados** por los **interesados o la naturaleza** del procedimiento lo exija, el instructor del mismo acordará la apertura de un período de prueba por un plazo **no superior a 30 días ni inferior a 10**, a fin de que puedan practicarse cuantas juzgue pertinentes. Asimismo, cuando lo considere necesario, el instructor, a petición de los interesados, podrá decidir la apertura de un **período extraordinario de prueba** por un **plazo no superior a 10 días**.

3. El instructor del procedimiento **solo** podrá **rechazar** las pruebas **propuestas** por los **interesados** cuando sean **manifiestamente improcedentes** o **innecesarias**, mediante **resolución motivada**.

3 bis. Cuando el interesado alegue discriminación y aporte indicios fundados sobre su existencia, corresponderá a la persona a quien se impute la situación discriminatoria la aportación de una justificación objetiva y razonable, suficientemente probada, de las medidas adoptadas y de su proporcionalidad.

A los efectos de lo dispuesto en el párrafo anterior, el órgano administrativo podrá recabar informe de los organismos públicos competentes en materia de igualdad.

4. En los procedimientos de **carácter sancionador**, los **hechos declarados probados** por **resoluciones judiciales penales firmes vincularán** a las **Administraciones** Públicas **respecto** de los **procedimientos sancionadores** que substancien.

5. Los **documentos formalizados** por los **funcionarios** a los que se reconoce la **condición de autoridad** y en los que, observándose los **requisitos legales** correspondientes se recojan los hechos constatados por aquellos **harán prueba de estos salvo que se acredite lo contrario**.

Notas:

....
....
....
....
....

6. Cuando la prueba consista en la **emisión de un informe** de un órgano administrativo, organismo público o Entidad de Derecho Público, **se entenderá** que este tiene **carácter preceptivo**.

7. Cuando la **valoración** de las **pruebas practicadas pueda constituir** el **fundamento básico** de la **decisión** que se adopte en el procedimiento, por ser pieza imprescindible para la correcta evaluación de los hechos, **deberá incluirse** en la **propuesta** de **resolución**.

ARTÍCULO 78
PRÁCTICA DE PRUEBA

1. La Administración **comunicará** a los **interesados**, con **antelación suficiente**, el inicio de las actuaciones necesarias para la **realización** de las **pruebas** que hayan sido admitidas.

2. En la **notificación** se **consignará** el **lugar**, **fecha** y **hora** en que se practicará la prueba, con la **advertencia**, en su caso, de que el interesado puede nombrar **técnicos** para que le asistan.

3. En los casos en que, **a petición del interesado**, deban efectuarse pruebas cuya realización implique **gastos** que **no deba soportar la Administración**, esta podrá exigir el **anticipo** de los **mismos**, a **reserva** de la **liquidación definitiva**, una vez practicada la prueba. La **liquidación** de los **gastos** se practicará **uniendo** los **comprobantes** que acrediten la **realidad** y **cuantía** de los mismos.

SECCIÓN 3.ª
INFORMES

ARTÍCULO 79
PETICIÓN

1. A efectos de la resolución del procedimiento, se solicitarán aquellos informes que sean **preceptivos por** las **disposiciones legales**, **y** los que **se juzguen necesarios** para **resolver**, **citándose** el **precepto** que los exija o **fundamentando**, en su caso, la **conveniencia** de reclamarlos.

2. En la petición de informe se concretará el **extremo o extremos** acerca de los que **se solicita**.

ARTÍCULO 80
EMISIÓN DE INFORMES

1. **Salvo disposición expresa** en **contrario**, los informes serán **facultativos y no vinculantes**.

2. Los informes serán **emitidos** a través de **medios electrónicos** y de acuerdo con los **requisitos** que señala el **artículo 26** en el **plazo de 10 días**, **salvo** que una **disposición** o el **cumplimiento** del **resto** de los **plazos** del procedimiento **permita o exija otro plazo mayor o menor**.

3. De **no emitirse** el informe **en el plazo** señalado, y **sin perjuicio** de la **responsabilidad** en que incurra el responsable de la demora, **se podrán proseguir** las **actuaciones salvo** cuando se trate de un **informe preceptivo**, en cuyo caso se podrá **suspender** el transcurso del **plazo máximo legal** para resolver el procedimiento en los términos establecidos en la letra *d)* del apartado 1 del artículo 22.

4. Si el informe debiera ser emitido por una **Administración Pública distinta** de la que tramita el procedimiento en orden a expresar el punto de vista correspondiente a sus competencias respectivas, y **transcurriera** el **plazo** sin que aquel se hubiera emitido, **se podrán proseguir las actuaciones**.

El informe emitido **fuera de plazo podrá no ser tenido en cuenta** al adoptar la correspondiente resolución.

ARTÍCULO 81
SOLICITUD DE INFORMES Y DICTÁMENES EN LOS PROCEDIMIENTOS DE RESPONSABILIDAD PATRIMONIAL

1. En el caso de los procedimientos de responsabilidad patrimonial será **preceptivo** solicitar **informe** al **servicio** cuyo funcionamiento haya **ocasionado** la **presunta lesión** indemnizable, no pudiendo exceder de **10 días** el plazo de su **emisión**.

2. Cuando las **indemnizaciones reclamadas** sean de cuantía **igual o superior a 50.000 euros** o a la que se establezca en la correspondiente legislación autonómica, así como en aquellos casos que disponga la Ley Orgánica 3/1980, de 22 de abril, del Consejo de Estado, será preceptivo solicitar **dictamen** del **Consejo de Estado o**, en su caso, **del órgano consultivo** de la Comunidad Autónoma.

A estos efectos, el órgano **instructor**, en el plazo de **10 días** a contar desde la finalización del trámite de audiencia, **remitirá** al **órgano competente** para solicitar el dictamen una **propuesta** de **resolución**, que se ajustará a lo previsto en el artículo 91, o, en su caso, la propuesta **de acuerdo** por el que se podría terminar convencionalmente el procedimiento.

El **dictamen** se emitirá en el plazo de **2 meses** y deberá **pronunciarse** sobre la **existencia o no de relación de causalidad** entre el **funcionamiento** del servicio público **y la lesión producida** y, en su caso, sobre la **valoración del daño causado** y la **cuantía y modo** de la indemnización de acuerdo con los criterios establecidos en esta Ley.

3. En el caso de reclamaciones en materia de responsabilidad patrimonial del Estado por el **funcionamiento anormal de la Administración de Justicia**, será **preceptivo** el **informe** del **Consejo General del Poder Judicial** que será evacuado en el plazo **máximo** de **2 meses**. El **plazo** para **dictar** resolución quedará **suspendido** por el tiempo que medie entre la solicitud, del informe y su recepción, **no pudiendo exceder** dicho plazo de los citados **2 meses**.

Notas:

SECCIÓN 4.ª
PARTICIPACIÓN DE LOS INTERESADOS

ARTÍCULO 82
TRÁMITE DE AUDIENCIA

1. Instruidos los procedimientos, **e inmediatamente antes** de **redactar** la **propuesta** de **resolución**, se pondrán **de manifiesto a los interesados** o, en su caso, a sus representantes, para lo que se tendrán en cuenta las limitaciones previstas en su caso en la Ley 19/2013, de 9 de diciembre.

La audiencia a los interesados será **anterior** a la **solicitud** del **informe** del **órgano** competente para el **asesoramiento** jurídico **o** a la **solicitud** del **Dictamen** del Consejo de Estado u órgano consultivo equivalente de la Comunidad Autónoma, **en el caso que estos formaran parte del procedimiento**.

2. Los interesados, en un plazo **no inferior a 10 días ni superior a 15**, podrán **alegar** y **presentar** los **documentos** y **justificaciones** que estimen pertinentes.

3. Si **antes** del **vencimiento** del **plazo** los interesados manifiestan su **decisión** de **no efectuar** alegaciones ni aportar nuevos documentos o justificaciones, **se tendrá por realizado el trámite**.

4. Se podrá prescindir del trámite de audiencia **cuando no figuren** en el procedimiento **ni sean tenidos** en **cuenta** en la resolución **otros hechos** ni otras **alegaciones** y **pruebas** que las **aducidas** por el **interesado**.

5. En los procedimientos de **responsabilidad patrimonial** a los que se refiere el **artículo 32.9** de la **Ley de Régimen Jurídico del Sector Público**, será **necesario** en todo caso dar **audiencia** al **contratista**, **notificándole cuantas actuaciones se realicen** en el procedimiento, al efecto de que se persone en el mismo, exponga lo que a su derecho convenga y proponga cuantos medios de prueba estime necesarios.

ARTÍCULO 83
INFORMACIÓN PÚBLICA

1. El **órgano** al que **corresponda** la **resolución** del **procedimiento**, cuando la **naturaleza** de este **lo requiera**, podrá **acordar** un **período de información pública**.

2. A tal efecto, se **publicará** un **anuncio** en el **Diario oficial correspondiente** a fin de que cualquier persona física o jurídica pueda **examinar** el expediente, o la parte del mismo que se acuerde.

El anuncio **señalará el lugar de exhibición**, debiendo estar en todo caso a disposición de las personas que lo soliciten a través de medios electrónicos en la sede electrónica correspondiente, y **determinará** el **plazo** para **formular alegaciones**, que **en ningún caso** podrá ser **inferior a 20 días**.

3. La **incomparecencia** en este trámite **no impedirá** a los **interesados interponer** los **recursos** procedentes contra la resolución definitiva del procedimiento.

La **comparecencia** en el trámite de información pública **no otorga**, **por sí misma**, la **condición** de **interesado**. No obstante, quienes presenten **alegaciones** u **observaciones** en este trámite tienen derecho a obtener de la Administración una **respuesta razonada**, que podrá ser **común** para todas aquellas alegaciones que planteen cuestiones **sustancialmente iguales**.

4. Conforme a lo dispuesto en las **leyes**, las **Administraciones** Públicas podrán **establecer otras formas**, **medios y cauces de participación de las personas**, directamente o a través de las organizaciones y asociaciones reconocidas por la ley en el procedimiento en el que se dictan los actos administrativos.

CAPÍTULO V
FINALIZACIÓN DEL PROCEDIMIENTO

SECCIÓN 1.ª
DISPOSICIONES GENERALES

ARTÍCULO 84
TERMINACIÓN

1. Pondrán fin al procedimiento la **resolución**, el desistimiento, la renuncia al derecho en que se funde la solicitud, cuando tal renuncia no esté prohibida por el ordenamiento jurídico, y la **declaración** de **caducidad**.

2. También producirá la terminación del procedimiento la **imposibilidad material** de continuarlo por causas **sobrevenidas**. La resolución que se dicte deberá ser **motivada** en todo caso.

ARTÍCULO 85
TERMINACIÓN EN LOS PROCEDIMIENTOS SANCIONADORES

1. Iniciado un procedimiento sancionador, si el **infractor reconoce** su **responsabilidad**, se podrá **resolver** el procedimiento con la **imposición** de la sanción que proceda.

2. Cuando la sanción tenga únicamente carácter **pecuniario** o bien quepa imponer una sanción **pecuniaria** y **otra** de carácter **no pecuniario** pero se ha **justificado** la **improcedencia** de la **segunda**, el **pago voluntario** por el presunto responsable, en **cualquier momento anterior** a la resolución, **implicará** la **terminación** del procedimiento, **salvo** en lo relativo a la **reposición** de la **situación alterada** o a la **determinación** de la **indemnización** por los daños y perjuicios causados por la comisión de la infracción.

Notas:

----

3. En ambos casos, cuando la sanción tenga **únicamente carácter** pecuniario, el órgano competente para resolver el procedimiento aplicará **reducciones** de, **al menos**, el **20%** sobre el importe de la sanción propuesta, siendo estos **acumulables entre sí**. Las citadas reducciones, deberán estar determinadas en la notificación de iniciación del procedimiento y su efectividad estará condicionada al desistimiento o renuncia de cualquier acción o recurso en vía administrativa contra la sanción.

El porcentaje de reducción previsto en este apartado podrá ser **incrementado reglamentariamente**.

ARTÍCULO 86
TERMINACIÓN CONVENCIONAL

1. Las Administraciones Públicas podrán **celebrar acuerdos**, **pactos**, **convenios** o **contratos** con personas tanto de **Derecho Público como Privado,** siempre que **no sean contrarios** al ordenamiento jurídico **ni versen** sobre **materias no susceptibles de transacción** y tengan por **objeto satisfacer el interés público que tienen encomendado**, con el alcance, efectos y régimen jurídico específico que, en su caso, prevea la disposición que lo regule, pudiendo tales actos tener la **consideración de finalizadores** de los procedimientos administrativos o **insertarse** en los mismos con **carácter** previo, vinculante o no, a la resolución que les ponga fin.

2. Los citados instrumentos deberán establecer como **contenido mínimo** la **identificación** de las partes intervinientes, el **ámbito personal, funcional y territorial**, y el **plazo** de vigencia, debiendo **publicarse o no según** su **naturaleza** y las **personas** a las que estuvieran **destinados**.

3. Requerirán en todo **caso la aprobación expresa** del Consejo de Ministros u órgano equivalente de las Comunidades Autónomas, los **acuerdos** que **versen** sobre **materias** de la **competencia directa** de **dicho órgano**.

4. Los acuerdos que se suscriban **no supondrán alteración** de las **competencias** atribuidas a los órganos administrativos, **ni de las responsabilidades** que correspondan a las autoridades y funcionarios, relativas al funcionamiento de los servicios públicos.

5. En los casos de procedimientos de **responsabilidad patrimonial**, el **acuerdo** alcanzado entre las partes **deberá fijar** la **cuantía** y **modo** de **indemnización** de acuerdo con los **criterios** que para **calcularla** y **abonarla** establece el **artículo 34** de la **Ley de Régimen Jurídico del Sector Público**.

SUEÑA
en grande y cree en tí

SECCIÓN 2.ª
RESOLUCIÓN

ARTÍCULO 87
ACTUACIONES COMPLEMENTARIAS

Antes de **dictar resolución**, el órgano competente para resolver **podrá** decidir, mediante **acuerdo motivado**, la realización de las **actuaciones complementarias indispensables para resolver** el procedimiento. **No tendrán la consideración** de actuaciones complementarias los **informes** que **preceden inmediatamente** a la **resolución final** del procedimiento.

El **acuerdo** de realización de actuaciones complementarias **se notificará** a los **interesados**, concediéndoseles un plazo de **7 días** para **formular** las **alegaciones** que tengan por pertinentes **tras la finalización** de las mismas. Las actuaciones complementarias deberán practicarse en un **plazo no superior a 15 días**. El **plazo** para **resolver** el procedimiento quedará **suspendido** hasta la terminación de las actuaciones complementarias.

ARTÍCULO 88
CONTENIDO

1. La **resolución** que ponga fin al procedimiento **decidirá todas** las **cuestiones planteadas** por los interesados **y aquellas otras derivadas del mismo**.

Cuando se trate de cuestiones **conexas** que **no** hubieran sido **planteadas** por los interesados, el órgano competente **podrá pronunciarse** sobre las mismas, **poniéndolo antes** de **manifiesto** a aquellos por un **plazo no superior a 15 días**, para que formulen las **alegaciones** que estimen pertinentes y **aporten**, en su caso, los **medios** de **prueba**.

2. En los procedimientos tramitados a **solicitud del interesado**, la resolución será **congruente** con las peticiones formuladas por este, sin que **en ningún caso** pueda **agravar** su situación inicial y **sin perjuicio** de la potestad de la Administración de **incoar** de **oficio** un **nuevo** procedimiento, si procede.

3. Las resoluciones **contendrán** la **decisión**, que será **motivada** en los **casos** a que se refiere el **artículo 35**. Expresarán, además, los **recursos** que contra la misma procedan, **órgano** administrativo o judicial ante el que hubieran de presentarse y **plazo** para interponerlos, sin perjuicio de que los interesados puedan ejercitar cualquier otro que estimen oportuno.

4. Sin perjuicio de la forma y lugar señalados por el interesado para la práctica de las notificaciones, **la resolución** del procedimiento **se dictará electrónicamente** y **garantizará la identidad del órgano competente**, así como la **autenticidad e integridad** del documento que se formalice mediante el empleo de alguno de los instrumentos previstos en esta Ley.

Notas:

----

5. En ningún caso podrá la Administración **abstenerse de resolver** so pretexto de **silencio, oscuridad o insuficiencia de los preceptos legales aplicables** al caso, aunque podrá acordarse la **inadmisión** de las solicitudes de reconocimiento de derechos no previstos en el ordenamiento jurídico o manifiestamente **carentes** de **fundamento, sin perjuicio** del **derecho** de **petición** previsto por el **artículo 29** de la Constitución.

6. La **aceptación** de **informes** o **dictámenes servirá de motivación** a la resolución **cuando se incorporen al texto** de la misma.

7. Cuando la competencia para instruir y resolver un procedimiento **no recaiga** en un **mismo órgano, será necesario** que el **instructor eleve** al **órgano** competente para **resolver una propuesta de resolución**.

En los procedimientos de carácter **sancionador**, la propuesta de resolución deberá ser **notificada** a los **interesados** en los **términos** previstos en el artículo siguiente.

ARTÍCULO 89
PROPUESTA DE RESOLUCIÓN EN LOS PROCEDIMIENTOS DE CARÁCTER SANCIONADOR

1. El órgano **instructor resolverá** la finalización del procedimiento, con archivo de las actuaciones, **sin que sea necesaria** la **formulación** de la **propuesta** de **resolución, cuando** en la instrucción procedimiento se ponga de manifiesto que concurre alguna de las siguientes circunstancias:

A) La **inexistencia** de los **hechos** que pudieran constituir la infracción.

B) Cuando los hechos **no** resulten **acreditados**.

C) Cuando los hechos probados **no constituyan**, de modo manifiesto, infracción administrativa.

D) Cuando **no exista o** no se haya **podido identificar** a la persona o personas responsables o bien aparezcan exentos de responsabilidad.

E) Cuando se concluyera, en cualquier momento, que ha **prescrito** la infracción.

2. En el caso de procedimientos de carácter **sancionador**, una vez concluida la instrucción del procedimiento, el órgano **instructor formulará** una **propuesta** de resolución que deberá ser **notificada** a los **interesados**. La propuesta de resolución **deberá indicar** la **puesta** de **manifiesto** del procedimiento **y el plazo** para **formular alegaciones y presentar los documentos e informaciones** que se estimen **pertinentes**.

3. En la propuesta de resolución **se fijarán de forma motivada** los **hechos** que se consideren probados y su exacta **calificación** jurídica, se determinará la **infracción** que, en su caso, aquellos constituyan, la persona o personas **responsables** y la **sanción** que se proponga, la **valoración** de las **pruebas** practicadas, en especial aquellas que constituyan los **fundamentos básicos de la decisión**, así como las **medidas provisionales** que, en su caso, se hubieran adoptado.Cuando la instrucción concluya la **inexistencia** de infracción o responsabilidad y no se haga uso de la facultad prevista en el apartado primero, la propuesta **declarará esa circunstancia**.

ARTÍCULO 90
ESPECIALIDADES DE LA RESOLUCIÓN EN LOS PROCEDIMIENTOS SANCIONADORES

1. En el caso de procedimientos de carácter sancionador, **además** del contenido previsto en los dos artículos anteriores, la resolución incluirá la **valoración** de las **pruebas** practicadas, en especial aquellas que constituyan los **fundamentos básicos de la decisión**, fijarán los **hechos** y, en su caso, la **persona o personas responsables**, la **infracción o infracciones cometidas** y la **sanción o sanciones que se imponen**, o bien la declaración de no **existencia** de infracción o responsabilidad.

2. En la resolución **no se podrán aceptar hechos distintos** de los **determinados en el curso del procedimiento**, con independencia de su diferente valoración jurídica. No obstante, cuando el órgano competente para resolver considere que la infracción o la sanción revisten **mayor gravedad** que la determinada en la propuesta de resolución, **se notificará al inculpado** para que aporte cuantas **alegaciones** estime convenientes en el **plazo de 15 días**.

3. La resolución que ponga fin al procedimiento será **ejecutiva cuando no quepa** contra ella **ningún recurso ordinario** en vía administrativa, pudiendo adoptarse en la misma las **disposiciones cautelares precisas** para garantizar su eficacia en tanto no sea ejecutiva y que podrán consistir en el mantenimiento de las medidas provisionales que en su caso se hubieran adoptado.

Cuando la resolución sea ejecutiva, **se podrá suspender cautelarmente**, si el interesado manifiesta a la Administración su intención de interponer recurso contencioso-administrativo contra la resolución firme en vía administrativa. Dicha suspensión cautelar **finalizará** cuando:

A) Haya **transcurrido** el **plazo legalmente** previsto sin que el interesado haya interpuesto recurso contencioso-administrativo.

B) Habiendo el interesado **interpuesto recurso contencioso-administrativo**:

    1.º No se haya **solicitado** en el mismo trámite la **suspensión** cautelar de la resolución impugnada.

    2.º El **órgano judicial se pronuncie** sobre la suspensión cautelar solicitada, en los términos previstos en ella.

Notas:

4. Cuando las conductas sancionadas hubieran causado **daños o perjuicios** a las Administraciones y la **cuantía** destinada a indemnizar estos daños **no** hubiera quedado **determinada** en el expediente, se fijará mediante un **procedimiento complementario**, cuya resolución será **inmediatamente ejecutiva**. Este procedimiento será **susceptible** de **terminación convencional**, pero ni esta ni la aceptación por el infractor de la resolución que pudiera recaer implicarán el reconocimiento voluntario de su responsabilidad. La resolución del procedimiento pondrá **fin** a la **vía administrativa**.

ARTÍCULO 91
ESPECIALIDADES DE LA RESOLUCIÓN EN LOS PROCEDIMIENTOS EN MATERIA DE RESPONSABILIDAD PATRIMONIAL

1. Una vez **recibido**, en su caso, el **dictamen** al que se refiere el **artículo 81.2** o, **cuando este no sea preceptivo**, una vez **finalizado** el **trámite** de **audiencia**, el **órgano competente resolverá o someterá** la propuesta de acuerdo **para su formalización por** el **interesado y** por el **órgano administrativo** competente para suscribirlo. Cuando **no se estimase procedente** formalizar la propuesta de terminación convencional, el órgano competente **resolverá** en los **términos** previstos en el apartado siguiente.

2. Además de lo previsto en el **artículo 88**, en los casos de procedimientos de responsabilidad patrimonial, será necesario que la resolución se pronuncie sobre la **existencia o** no de la **relación** de **causalidad** entre el funcionamiento del servicio público y la lesión producida y, en su caso, sobre la **valoración** del **daño causado**, la **cuantía** y el **modo** de la indemnización, cuando proceda, de acuerdo con los criterios que para calcularla y abonarla se establecen en el **artículo 34** de la **Ley de Régimen Jurídico del Sector Público**.

3. Transcurridos **6 meses** desde que se inició el procedimiento sin que haya recaído y se notifique resolución expresa o, en su caso, se haya formalizado el acuerdo, **podrá entenderse** que la **resolución** es **contraria** a la indemnización del particular.

ARTÍCULO 92
COMPETENCIA PARA LA RESOLUCIÓN DE LOS PROCEDIMIENTOS DE RESPONSABILIDAD PATRIMONIAL

En el ámbito de la **Administración General del Estado**, los procedimientos de responsabilidad patrimonial se resolverán por el **Ministro** respectivo o por el **Consejo de Ministros** en los casos del artículo 32.3 de la Ley de Régimen Jurídico del Sector Público o cuando una ley así lo disponga.

En el ámbito **autonómico y local**, los procedimientos de responsabilidad patrimonial se resolverán por los **órganos correspondientes** de las Comunidades Autónomas o de las Entidades que integran la Administración Local.

En el caso de las **Entidades de Derecho Público**, las **normas** que determinen su régimen jurídico podrán establecer los órganos **a quien corresponde** la resolución de los procedimientos de responsabilidad patrimonial. En su **defecto**, se aplicarán las **normas previstas en este artículo**.

SECCIÓN 3.ª
DESISTIMIENTO Y RENUNCIA

ARTÍCULO 93
DESISTIMIENTO POR LA ADMINISTRACIÓN

En los procedimientos iniciados **de oficio**, la Administración podrá **desistir**, **motivadamente**, en los **supuestos** y con los **requisitos** previstos en las **Leyes**.

ARTÍCULO 94
DESISTIMIENTO Y RENUNCIA POR LOS INTERESADOS

1. Todo **interesado** podrá desistir de su solicitud o, cuando ello no esté prohibido por el ordenamiento jurídico, renunciar a sus derechos.

2. Si el escrito de iniciación se hubiera formulado por **dos o más** interesados, el desistimiento o la renuncia **solo** afectará **a aquellos** que la hubiesen formulado.

3. Tanto el desistimiento como la renuncia podrán hacerse por **cualquier medio** que permita su **constancia**, siempre que **incorpore** las **firmas que correspondan** de acuerdo con lo previsto en la **normativa aplicable**.

4. La Administración **aceptará de plano** el desistimiento o la renuncia, y declarará concluso el procedimiento **salvo que**, habiéndose personado en el mismo **terceros interesados**, **instasen** estos **su continuación** en el plazo **de 10 días** desde que fueron notificados del desistimiento o renuncia.

5. Si la cuestión suscitada por la incoación del procedimiento **entrañase interés general o** fuera **conveniente sustanciarla** para su definición y esclarecimiento, la Administración **podrá limitar los efectos** del desistimiento o la renuncia al interesado y seguirá el procedimiento.

SECCIÓN 4.ª
CADUCIDAD

ARTÍCULO 95
REQUISITOS Y EFECTOS

1. En los **procedimientos** iniciados a **solicitud del interesado**, cuando se produzca su **paralización** por **causa imputable al mismo**, la **Administración** le **advertirá** que, transcurridos **3 meses**, se producirá la **caducidad** del procedimiento. **Consumido este plazo** sin que el particular requerido realice las actividades necesarias para reanudar la tramitación,

Notas:

la Administración **acordará el archivo** de las actuaciones, **notificándoselo** al interesado. Contra la resolución que declare la caducidad **procederán** los **recursos pertinentes**.

2. No podrá acordarse la caducidad por la **simple inactividad** del interesado en la cumplimentación de trámites, **siempre** que **no sean indispensables** para dictar resolución. Dicha inactividad **no tendrá otro efecto** que la **pérdida** de su **derecho** al referido **trámite**.

3. La caducidad **no producirá por sí sola la prescripción de las acciones** del **particular** o de la **Administración**, pero los **procedimientos caducados no interrumpirán** el **plazo** de **prescripción**.

En los casos en los que sea posible la iniciación de un nuevo procedimiento por no haberse producido la prescripción, **podrán incorporarse a este** los **actos** y **trámites** cuyo contenido se hubiera mantenido **igual de no haberse producido la caducidad**. En todo caso, en el nuevo procedimiento deberán **cumplimentarse** los **trámites** de **alegaciones**, proposición de **prueba** y **audiencia** al interesado.

4. Podrá no ser aplicable la caducidad en el supuesto de que la cuestión suscitada afecte al **interés general**, o fuera conveniente sustanciarla para su **definición** y **esclarecimiento**.

CAPÍTULO VI
DE LA TRAMITACIÓN SIMPLIFICADA DEL PROCEDIMIENTO ADMINISTRATIVO COMÚN

ARTÍCULO 96
TRAMITACIÓN SIMPLIFICADA DEL PROCEDIMIENTO ADMINISTRATIVO COMÚN

1. Cuando razones de **interés público** o la **falta** de **complejidad** del procedimiento así lo aconsejen, las **Administraciones** Públicas podrán **acordar**, de **oficio** o a **solicitud** del interesado, la tramitación **simplificada** del procedimiento.

En cualquier momento del procedimiento **anterior a su resolución**, el órgano competente para su tramitación **podrá acordar** **continuar** con arreglo a la **tramitación ordinaria**.

2. Cuando la Administración acuerde de oficio la tramitación simplificada del procedimiento **deberá notificarlo a los interesados**. Si **alguno** de ellos manifestara su **oposición expresa**, la Administración deberá seguir la tramitación **ordinaria**.

3. Los interesados podrán solicitar la tramitación simplificada del procedimiento. Si el órgano competente para la tramitación aprecia que **no concurre alguna** de las razones previstas en el apartado 1, podrá **desestimar** dicha solicitud, en el plazo de **5 días** desde su presentación, sin que exista posibilidad de recurso por parte del interesado. Transcurrido el mencionado plazo de **5 días** se entenderá desestimada la solicitud.

4. En el caso de procedimientos en materia de **responsabilidad patrimonial** de las **Administraciones** Públicas, si una vez iniciado el procedimiento administrativo el órgano competente para su tramitación considera **inequívoca** la **relación de causalidad** entre el **funcionamiento** del servicio público **y la lesión**, así como la **valoración** del **daño y el cálculo** de la cuantía de la indemnización, podrá **acordar de oficio** la **suspensión** del procedimiento **general** y la **iniciación** de un procedimiento **simplificado**.

5. En el caso de procedimientos de **naturaleza sancionadora**, se podrá adoptar la tramitación simplificada del procedimiento cuando el órgano competente para iniciar el procedimiento considere que, de acuerdo con lo previsto en su normativa reguladora, existen **elementos** de **juicio suficientes** para calificar la infracción como **leve**, **sin que quepa la oposición expresa por parte del interesado** prevista en el apartado 2.

6. Salvo que **reste menos** para su tramitación ordinaria, los procedimientos administrativos tramitados de manera simplificada deberán ser **resueltos en 30 días**, a contar **desde el siguiente** al que **se notifique** al **interesado** el **acuerdo** de tramitación simplificada del procedimiento, y **constarán únicamente** de los **siguientes** trámites:

A) **Inicio** del procedimiento de oficio o a solicitud del interesado.

B) **Subsanación** de la solicitud presentada, en su caso.

C) **Alegaciones** formuladas al inicio del procedimiento durante el plazo de **5 días**.

D) Trámite de **audiencia**, **únicamente** cuando la resolución vaya a ser **desfavorable** para el interesado.

E) **Informe** del servicio jurídico, cuando este sea **preceptivo**.

F) **Informe** del Consejo General del Poder Judicial, cuando este sea **preceptivo**.

G) **Dictamen** del Consejo de Estado u órgano consultivo equivalente de la Comunidad Autónoma en los casos en que sea **preceptivo**. Desde que se solicite el Dictamen al Consejo de Estado, u órgano equivalente, hasta que este sea emitido, se producirá la suspensión automática del plazo para resolver.

El órgano competente solicitará la emisión del Dictamen en un plazo tal que permita cumplir el plazo de resolución del procedimiento. El Dictamen podrá ser emitido en el plazo de **15 días si así lo solicita el órgano competente**.

En todo caso, en el expediente que se remita al Consejo de Estado u órgano consultivo equivalente, se incluirá una **propuesta de resolución**. Cuando el Dictamen sea **contrario al fondo** de la propuesta de resolución, con independencia de que se atienda o no este criterio, el órgano competente para resolver acordará **continuar** el procedimiento con arreglo a la tramitación **ordinaria**, lo que se notificará a los interesados. En este caso, se entenderán **convalidadas** todas las **actuaciones** que **se hubieran realizado** durante la tramitación simplificada del procedimiento, a excepción del Dictamen del Consejo de Estado u órgano consultivo equivalente.

H) **Resolución**.

Notas:
_____
_____
_____
_____
_____

7. En el caso que un procedimiento exigiera la **realización** de un **trámite no previsto** en el apartado anterior, deberá ser tramitado de manera **ordinaria**.

CAPÍTULO VII
EJECUCIÓN

ARTÍCULO 97
TÍTULO

1. Las Administraciones Públicas **no iniciarán ninguna** actuación material de **ejecución** de resoluciones que limite derechos de los particulares **sin** que previamente haya sido **adoptada** la **resolución** que le **sirva** de **fundamento** jurídico.

2. El **órgano** que ordene un acto de ejecución material de resoluciones estará **obligado** a **notificar** al **particular interesado** la resolución que autorice la actuación administrativa.

ARTÍCULO 98
EJECUTORIEDAD

1. Los actos de las Administraciones Públicas sujetos al Derecho Administrativo serán **inmediatamente ejecutivos**, **salvo** que:

A) Se produzca la **suspensión** de la ejecución del acto.

B) Se trate de una **resolución** de un **procedimiento** de naturaleza **sancionadora contra** la que **quepa** algún **recurso** en vía administrativa, **incluido** el **potestativo de reposición**.

C) Una **disposición establezca** lo **contrario**.

D) Se **necesite aprobación** o **autorización superior**.

2. Cuando de una resolución administrativa, o de cualquier otra forma de finalización del procedimiento administrativo prevista en esta Ley, **nazca una obligación** de pago **derivada** de una **sanción pecuniaria**, **multa** o cualquier otro **derecho** que haya de abonarse a la Hacienda Pública, este **se efectuará preferentemente**, salvo que se justifique la imposibilidad de hacerlo, utilizando **alguno** de los **medios electrónicos siguientes**:

A) **Tarjeta** de crédito y débito.

B) **Transferencia** bancaria.

C) **Domiciliación** bancaria.

D) **Cualesquiera otros** que **se autoricen** por el **órgano competente** en materia de Hacienda Pública.

ARTÍCULO 99
EJECUCIÓN FORZOSA

Las Administraciones Públicas, a través de sus órganos competentes en cada caso, podrán proceder, **previo apercibimiento**, a la **ejecución forzosa** de los actos administrativos, **salvo** en los supuestos en que se suspenda la ejecución de acuerdo con la **Ley**, o cuando la **Constitución o la Ley exijan** la **intervención de un órgano judicial**.

ARTÍCULO 100
MEDIOS DE EJECUCIÓN FORZOSA

1. La ejecución forzosa por las Administraciones Públicas se efectuará, respetando siempre el **principio de proporcionalidad**, por los siguientes **medios**:

A) Apremio sobre el **patrimonio**.

B) Ejecución subsidiaria.

C) Multa coercitiva.

D) Compulsión sobre las **personas**.

2. Si fueran varios los medios de ejecución admisibles **se elegirá** el **menos restrictivo** de la libertad individual.

3. Si fuese necesario **entrar en el domicilio** del afectado **o** en los **restantes** lugares que **requieran** la **autorización** de su titular, las Administraciones Públicas deberán obtener el **consentimiento** del mismo o, en su defecto, la oportuna **autorización judicial**.

ARTÍCULO 101
APREMIO SOBRE EL PATRIMONIO

1. Si en virtud de acto administrativo hubiera de satisfacerse **cantidad líquida** se seguirá el procedimiento previsto en las **normas** reguladoras del **procedimiento** de **apremio**.

2. En cualquier caso **no podrá imponerse** a los administrados una **obligación** pecuniaria que **no** estuviese **establecida** con arreglo a una **norma** de **rango legal**.

ARTÍCULO 102
EJECUCIÓN SUBSIDIARIA

1. Habrá lugar a la ejecución subsidiaria cuando se trate de **actos** que por **no** ser **personalísimos puedan** ser **realizados** por **sujeto distinto** del obligado.

Notas:

----

2. En este caso, las Administraciones Públicas **realizarán el acto, por sí o a través de las personas que determinen, a costa del obligado**.

3. El importe de los **gastos, daños y perjuicios se exigirá conforme** a lo dispuesto en el **artículo anterior**.

4. Dicho importe podrá **liquidarse de forma provisional** y **realizarse antes de la ejecución, a reserva de la liquidación definitiva**.

ARTÍCULO 103
MULTA COERCITIVA

1. Cuando así lo **autoricen las Leyes**, y en la **forma** y **cuantía** que estas determinen, las Administraciones Públicas pueden, para la **ejecución** de **determinados actos**, imponer multas coercitivas, **reiteradas** por **lapsos de tiempo** que sean **suficientes** para cumplir lo ordenado, en los siguientes **supuestos**:

A) Actos **personalísimos** en que **no proceda la compulsión directa** sobre la persona del obligado.

B) Actos en que, **procediendo** la compulsión, la **Administración no la estimara conveniente**.

C) Actos cuya **ejecución** pueda el obligado **encargar a otra persona**.

2. La multa coercitiva es **independiente de las sanciones** que puedan imponerse con tal **carácter y compatible** con ellas.

ARTÍCULO 104
COMPULSIÓN SOBRE LAS PERSONAS

1. Los actos administrativos que impongan una obligación **personalísima de no hacer o soportar** podrán ser ejecutados por compulsión directa sobre las personas en los casos en que la **ley expresamente lo autorice**, y dentro **siempre** del **respeto** debido a su **dignidad** y a los **derechos reconocidos** en la **Constitución**.

2. Si, tratándose de obligaciones **personalísimas de hacer**, no se realizase la prestación, el obligado **deberá resarcir los daños y perjuicios**, a cuya **liquidación** y **cobro** se procederá en **vía administrativa**.

ARTÍCULO 105
PROHIBICIÓN DE ACCIONES POSESORIAS

No se admitirán a trámite acciones posesorias contra las **actuaciones** de los **órganos** administrativos realizadas **en materia de su competencia** y **de acuerdo** con el **procedimiento legalmente establecido**.

TÍTULO

05

De la revisión
de los actos
en vía administrativa

ARTÍCULO 106
REVISIÓN DE DISPOSICIONES Y ACTOS NULOS

1. Las Administraciones Públicas, **en cualquier momento**, por **iniciativa propia** o a **solicitud** de **interesado**, y **previo dictamen favorable** del **Consejo de Estado u órgano** consultivo **equivalente** de la **Comunidad Autónoma**, si lo hubiere, **declararán de oficio** la **nulidad** de los **actos administrativos** que hayan **puesto fin a la vía administrativa** o que **no hayan sido recurridos en plazo**, en los **supuestos** previstos en el **artículo 47.1**.

2. Asimismo, **en cualquier momento**, las Administraciones Públicas **de oficio**, y **previo dictamen favorable del Consejo de Estado u** órgano consultivo **equivalente** de la **Comunidad Autónoma** si lo hubiere, podrán declarar la **nulidad** de las **disposiciones administrativas** en los **supuestos** previstos en el **artículo 47.2**.

3. El **órgano competente** para la **revisión** de **oficio** podrá **acordar motivadamente** la **inadmisión a trámite** de las solicitudes formuladas por los interesados, **sin necesidad** de recabar **Dictamen del Consejo de Estado** u órgano consultivo de la **Comunidad Autónoma**, cuando las mismas **no** se basen en alguna de las causas de **nulidad** del **artículo 47.1** o **carezcan manifiestamente** de fundamento, así como en el supuesto de que se hubieran **desestimado** en **cuanto al fondo otras** solicitudes **sustancialmente iguales**.

4. Las Administraciones Públicas, al declarar la nulidad de una disposición o acto, **podrán establecer**, **en la misma resolución**, las **indemnizaciones** que proceda reconocer a los interesados, si se dan las circunstancias previstas en los **artículos 32.2 y 34.1** de la Ley de Régimen Jurídico del Sector Público **sin perjuicio de que**, tratándose de una **disposición**, **subsistan** los **actos firmes** dictados en aplicación de la misma.

5. Cuando el procedimiento se hubiera iniciado de **oficio**, el transcurso del plazo de **6 meses** desde su inicio sin dictarse resolución producirá la **caducidad** del mismo. Si el procedimiento se hubiera iniciado **a solicitud de interesado**, se podrá entender la misma **desestimada** por **silencio administrativo**.

Notas:

ARTÍCULO 107
DECLARACIÓN DE LESIVIDAD DE ACTOS ANULABLES

1. Las Administraciones Públicas podrán **impugnar** ante el **orden jurisdiccional contencioso-administrativo** los actos **favorables** para los **interesados** que sean **anulables** conforme a lo dispuesto en el artículo 48, **previa** su **declaración** de **lesividad** para el interés público.

2. La declaración de lesividad **no podrá adoptarse** una vez **transcurridos 4 años** desde que se dictó el acto administrativo y **exigirá** la **previa audiencia** de cuantos aparezcan como interesados en el mismo, en los términos establecidos por el artículo 82.

Sin perjuicio de su examen como presupuesto procesal de admisibilidad de la acción en el proceso judicial **correspondiente**, la declaración de lesividad **no será susceptible** de **recurso**, si bien **podrá notificarse a los interesados** a los **meros efectos informativos**.

3. Transcurrido el plazo de **6 meses** desde la iniciación del procedimiento sin que se hubiera declarado la lesividad, se producirá la **caducidad** del mismo.

4. Si el acto proviniera de la **Administración General** del Estado o de las **Comunidades Autónomas**, la declaración de lesividad se adoptará por el **órgano** de cada Administración **competente** en la materia.

5. Si el acto proviniera de las **entidades** que integran la **Administración Local**, la declaración de lesividad se adoptará por el **Pleno** de la Corporación **o**, **en defecto** de este, por el **órgano colegiado superior** de la entidad.

ARTÍCULO 108
SUSPENSIÓN

Iniciado el procedimiento de revisión de oficio al que se refieren los artículos 106 y 107, el **órgano competente** para declarar la nulidad o lesividad, **podrá suspender** la **ejecución del acto**, cuando esta **pudiera causar perjuicios** de **imposible** o **difícil reparación**.

ARTÍCULO 109
REVOCACIÓN DE ACTOS Y RECTIFICACIÓN DE ERRORES

1. Las Administraciones Públicas **podrán revocar**, mientras **no haya transcurrido el plazo de prescripción**, sus actos de gravamen o desfavorables, siempre que tal revocación **no constituya dispensa o exención no permitida por las leyes**, **ni** sea **contraria al principio de igualdad, al interés público o al ordenamiento jurídico**.

2. Las Administraciones Públicas podrán, asimismo, **rectificar en cualquier momento**, de oficio o a instancia de los interesados, los **errores materiales, de hecho o aritméticos** existentes en sus actos.

ARTÍCULO 110
LÍMITES DE LA REVISIÓN

Las facultades de revisión establecidas en este Capítulo, **no podrán ser ejercidas cuando** por **prescripción de acciones**, por el tiempo **transcurrido o por otras** circunstancias, su **ejercicio resulte contrario** a la **equidad**, a la **buena fe**, al **derecho** de los **particulares** o a **las leyes**.

ARTÍCULO 111
COMPETENCIA PARA LA REVISIÓN DE OFICIO DE LAS DISPOSICIONES Y DE ACTOS NULOS Y ANULABLES EN LA ADMINISTRACIÓN GENERAL DEL ESTADO

En el **ámbito estatal**, serán **competentes** para la **revisión de oficio** de las disposiciones y los actos administrativos nulos y anulables:

A) El **Consejo de Ministros**, **respecto** de sus propios actos y **disposiciones y de** los actos y disposiciones dictados por los **Ministros**.

B) En la **Administración General del Estado**:

1.º Los **Ministros**, respecto de los **actos** y **disposiciones** de los **Secretarios** de **Estado** y de los **dictados** por **órganos directivos** de su Departamento **no dependientes** de una **Secretaría** de **Estado**.

2.º Los **Secretarios de Estado**, respecto de los actos y disposiciones dictados por los **órganos directivos** de ellos **dependientes**.

C) En los **Organismos públicos y Entidades Derecho Público vinculados o dependientes** de la **Administración General del Estado**:

1.º Los **órganos a los que estén adscritos** los Organismos públicos y Entidades de Derecho Público, respecto de los actos y disposiciones dictados por el máximo órgano rector de estos.

2.º Los **máximos órganos rectores** de los Organismos públicos y Entidades de Derecho Público, respecto de los actos y disposiciones dictados por los órganos de ellos dependientes.

Notas:

CAPÍTULO II
RECURSOS ADMINISTRATIVOS
SECCIÓN 1.ª
PRINCIPIOS GENERALES

ARTÍCULO 112
OBJETO Y CLASES

1. Contra las **resoluciones y los actos de trámite**, si estos últimos deciden **directa o indirectamente el fondo del asunto**, determinan la **imposibilidad de continuar el procedimiento**, **producen indefensión o perjuicio irreparable a derechos e intereses legítimos**, podrán interponerse por los interesados los **recursos** de **alzada y potestativo de reposición**, que cabrá fundar en cualquiera de los **motivos de nulidad o anulabilidad** previstos en los **artículos 47 y 48** de esta Ley.

La **oposición a los restantes actos** de trámite podrá alegarse por los interesados para su consideración **en la resolución que ponga fin al procedimiento**.

2. Las **leyes podrán sustituir** el recurso de alzada, en **supuestos o ámbitos sectoriales determinados**, y cuando la **especificidad de la materia así lo justifique**, por **otros procedimientos** de impugnación, reclamación, conciliación, mediación y arbitraje, ante órganos colegiados o Comisiones específicas no sometidas a instrucciones jerárquicas, **con respeto a los principios, garantías y plazos** que la presente **Ley reconoce a las personas y a los interesados** en todo procedimiento administrativo.

En las **mismas condiciones**, el recurso de **reposición** podrá ser sustituido por los procedimientos a que se refiere el párrafo anterior, respetando su carácter potestativo para el interesado.

La **aplicación** de estos procedimientos en el **ámbito** de la Administración **Local no** podrá **suponer** el **desconocimiento** de las **facultades resolutorias** reconocidas **a los órganos representativos electos** establecidos por la Ley.

3. Contra las **disposiciones administrativas** de carácter **general no cabrá recurso** en **vía administrativa**.

Los **recursos** contra un **acto** administrativo que se **funden únicamente** en la **nulidad** de alguna **disposición administrativa** de **carácter general** podrán **interponerse directamente** ante el órgano **que dictó dicha disposición**.

4. Las **reclamaciones económico-administrativas** se ajustarán a los procedimientos establecidos por su **legislación específica**.

ARTÍCULO 113
RECURSO EXTRAORDINARIO DE REVISIÓN

Contra los actos **firmes** en **vía administrativa**, **solo procederá** el recurso extraordinario de revisión cuando concurra alguna de las **circunstancias** previstas en el **artículo 125.1**.

ARTÍCULO 114

FIN DE LA VÍA ADMINISTRATIVA

1. Ponen fin a la vía administrativa:

A) Las **resoluciones** de los recursos de **alzada**.

B) Las **resoluciones** de los procedimientos a que se refiere el **artículo 112.2**.

C) Las resoluciones de los **órganos** administrativos que **carezcan** de **superior jerárquico**, **salvo** que una **Ley establezca lo contrario**.

D) Los **acuerdos, pactos, convenios** o **contratos** que tengan la consideración de **finalizadores** del procedimiento.

E) La **resolución administrativa** de los procedimientos de **responsabilidad patrimonial**, cualquiera que fuese el tipo de relación, pública o privada, de que derive.

F) La resolución de los **procedimientos complementarios en materia** sancionadora a los que se refiere el artículo 90.4.

G) Las **demás** resoluciones de órganos administrativos cuando una **disposición legal o reglamentaria así lo establezca**.

2. Además de lo previsto en el apartado anterior, **en el ámbito estatal** ponen fin a la vía administrativa los actos y resoluciones siguientes:

A) Los **actos administrativos** de los **miembros** y **órganos** del **Gobierno**.

B) Los **emanados** de los **Ministros** y los **Secretarios** de **Estado** en el **ejercicio** de las **competencias** que tienen atribuidas los órganos de los que son titulares.

C) Los emanados de los **órganos directivos con nivel de Director general o superior**, en relación con las **competencias** que tengan atribuidas en **materia** de **personal**.

D) En los **Organismos públicos y Entidades Derecho Público** vinculados o dependientes de la Administración General del Estado, los emanados de los **máximos órganos de dirección unipersonales o colegiados**, de acuerdo con lo que establezcan **sus estatutos, salvo que por ley** se establezca otra cosa.

ARTÍCULO 115

INTERPOSICIÓN DE RECURSO

1. La interposición del recurso **deberá expresar**:

A) El **nombre y apellidos del recurrente**, así como la **identificación personal** del mismo.

Notas:

B) El **acto que se recurre** y la **razón** de su impugnación.

C) Lugar, **fecha**, **firma** del recurrente, **identificación** del **medio** y, en su caso, del **lugar** que se señale a efectos de notificaciones.

D) **Órgano**, **centro** o **unidad** administrativa **al que se dirige** y su correspondiente **código de identificación**.

E) Las **demás particularidades exigidas**, en su caso, por las disposiciones específicas.

2. El **error o la ausencia de la calificación** del **recurso** por parte del recurrente **no** será **obstáculo para su tramitación, siempre que se deduzca su verdadero carácter**.

3. Los **vicios y defectos** que **hagan anulable un acto no** podrán ser **alegados** por **quienes los hubieren causado**.

ARTÍCULO 116
CAUSAS DE INADMISIÓN

Serán **causas** de inadmisión **las siguientes**:

A) Ser **incompetente** el órgano administrativo, cuando el competente perteneciera **a otra Administración Pública**. El recurso deberá remitirse al órgano competente, de acuerdo con lo establecido en el artículo 14.1 de la Ley de Régimen Jurídico del Sector Público.

B) **Carecer** de **legitimación** el **recurrente**.

C) Tratarse de un **acto no susceptible de recurso**.

D) **Haber transcurrido el plazo** para la interposición del recurso.

E) **Carecer** el recurso **manifiestamente** de **fundamento**.

ARTÍCULO 117
SUSPENSIÓN DE LA EJECUCIÓN

1. La **interposición** de **cualquier recurso**, **excepto** en los casos en que una **disposición** establezca **lo contrario**, **no suspenderá la ejecución** del acto impugnado.

2. **No obstante** lo dispuesto en el apartado anterior, **el órgano** a quien competa **resolver** el recurso, previa ponderación, suficientemente razonada, entre el perjuicio que causaría al interés público o a terceros la suspensión y el ocasionado al recurrente como consecuencia de la eficacia inmediata del acto recurrido, **podrá suspender**, de oficio o a solicitud del recurrente, la **ejecución del acto impugnado** cuando concurran alguna de las siguientes **circunstancias**:

A) Que la **ejecución** pudiera causar **perjuicios de imposible o difícil reparación**.

B) Que la impugnación **se fundamente** en alguna de las **causas de nulidad** de pleno derecho previstas en el artículo 47.1 de esta Ley.

3. La ejecución del acto impugnado **se entenderá suspendida** si **transcurrido 1 mes** desde que la **solicitud de suspensión** haya tenido entrada en el registro electrónico de la Administración u Organismo competente para decidir sobre la misma, el órgano a quien competa resolver el recurso no ha dictado y notificado resolución expresa al respecto. En estos casos, **no será de aplicación** lo establecido en el **artículo 21.4, segundo párrafo**, de esta Ley.

4. Al dictar el acuerdo de suspensión podrán adoptarse las **medidas cautelares** que sean necesarias para **asegurar** la **protección** del interés público o de terceros **y la eficacia** de la **resolución o el acto impugnado**.

Cuando de la suspensión puedan **derivarse perjuicios** de cualquier naturaleza, aquella solo producirá efectos previa prestación de **caución o garantía** suficiente para responder de ellos, en los términos establecidos **reglamentariamente**.

La suspensión **se prolongará** después de **agotada** la **vía administrativa** cuando, habiéndolo solicitado previamente el interesado, **exista medida cautelar** y los **efectos** de esta **se extiendan a la vía contencioso-administrativa**. Si el interesado interpusiera recurso contencioso-administrativo, solicitando la suspensión del acto objeto del proceso, se mantendrá la suspensión hasta que se produzca el correspondiente pronunciamiento judicial sobre la solicitud.

5. Cuando el **recurso** tenga por **objeto la impugnación** de un acto administrativo que **afecte** a una **pluralidad indeterminada de personas**, la **suspensión** de su **eficacia** habrá de ser **publicada** en el **periódico oficial** en que aquel se insertó.

ARTÍCULO 118
AUDIENCIA DE LOS INTERESADOS

1. Cuando hayan de tenerse en cuenta **nuevos hechos o documentos no recogidos** en el expediente originario, se pondrán **de manifiesto a los interesados** para que, en un plazo **no inferior a 10 días ni superior a 15**, formulen las **alegaciones** y presenten los **documentos** y **justificantes** que estimen procedentes.

No se tendrán en cuenta en la resolución de los recursos, hechos, documentos o alegaciones del recurrente, cuando **habiendo podido aportarlos** en el trámite de alegaciones no lo haya hecho. **Tampoco podrá solicitarse la práctica de pruebas** cuando su **falta de realización** en el procedimiento en el que se dictó la resolución recurrida fuera **imputable al interesado**.

2. Si hubiera **otros interesados** se les dará, en todo caso, **traslado del recurso** para que **en el plazo** antes citado, **aleguen cuanto estimen procedente**.

Notas:

3. El **recurso**, los **informes** y las **propuestas no tienen el carácter de documentos nuevos** a los efectos de este artículo. Tampoco lo tendrán los que los interesados hayan aportado al expediente antes de recaer la resolución impugnada.

ARTÍCULO 119
RESOLUCIÓN

1. La resolución del recurso **estimará en todo o en parte** o **desestimará** las pretensiones formuladas en el mismo o declarará su **inadmisión**.

2. Cuando existiendo **vicio de forma no se estime** procedente **resolver sobre** el **fondo se ordenará la retroacción** del procedimiento al momento en el que el vicio fue cometido, sin perjuicio de que **eventualmente** pueda acordarse la **convalidación** de actuaciones por el órgano competente para ello, de acuerdo con lo dispuesto en el artículo 52.

3. El **órgano que resuelva** el recurso **decidirá** cuantas **cuestiones**, tanto de **forma** como de **fondo**, plantee **el procedimiento**, **hayan sido o no alegadas** por los **interesados**. En este último caso **se les oirá previamente**. No obstante, la resolución será **congruente** con las peticiones formuladas por el recurrente, sin que **en ningún caso** pueda **agravarse** su **situación inicial**.

ARTÍCULO 120
PLURALIDAD DE RECURSOS ADMINISTRATIVOS

1. Cuando deban resolverse una **pluralidad** de **recursos** administrativos que traigan causa de un **mismo acto administrativo** y se hubiera interpuesto un **recurso judicial** contra una resolución **administrativa o** bien **contra el** correspondiente **acto presunto desestimatorio**, el **órgano administrativo podrá acordar la suspensión** del **plazo para resolver hasta** que recaiga **pronunciamiento judicial**.

2. El **acuerdo de suspensión** deberá ser **notificado** a los interesados, quienes podrán recurrirlo.

La **interposición** del correspondiente **recurso** por un interesado, **no afectará** a los **restantes procedimientos** de **recurso** que se encuentren **suspendidos** por traer **causa del mismo acto** administrativo.

3. Recaído el pronunciamiento judicial, será **comunicado** a los **interesados** y el órgano administrativo competente para resolver podrá **dictar resolución sin necesidad** de realizar ningún **trámite adicional, salvo el de audiencia, cuando proceda**.

SECCIÓN 2.ª
RECURSO DE ALZADA

ARTÍCULO 121
OBJETO

1. Las **resoluciones y actos** a que se refiere el artículo 112.1, cuando **no pongan fin** a la **vía administrativa**, podrán ser **recurridos** en **alzada** ante el órgano **superior jerárquico** del que los dictó. A estos efectos, los **Tribunales** y **órganos de selección** del personal al servicio de las Administraciones Públicas y cualesquiera otros que, en el seno de estas, actúen **con autonomía funcional**, se considerarán **dependientes** del **órgano** al que estén **adscritos o, en su defecto, del que haya nombrado al presidente de los mismos.**

2. El recurso podrá **interponerse** ante **el órgano que dictó el acto que se impugna** o ante **el competente para resolverlo**.

Si el recurso se hubiera interpuesto ante el órgano que dictó el acto impugnado, este deberá **remitirlo al competente** en el **plazo de 10 días**, con su **informe** y con una **copia completa** y ordenada del expediente.

El **titular** del órgano que dictó el acto recurrido **será responsable directo** del cumplimiento de lo previsto en el párrafo anterior.

ARTÍCULO 122
PLAZOS

1. El **plazo** para la interposición del recurso de alzada será de **1 mes**, si el acto **fuera expreso**. Transcurrido dicho plazo **sin** haberse interpuesto el **recurso**, la resolución **será firme a todos los efectos**.

Si el acto **no fuera expreso** el solicitante y otros posibles interesados podrán interponer recurso de alzada **en cualquier momento** a partir del día **siguiente** a aquel en que, de acuerdo con su normativa específica, **se produzcan los efectos** del silencio administrativo.

2. El **plazo máximo para dictar y notificar la resolución** será de **3 meses. Transcurrido** este plazo sin que recaiga resolución, se podrá entender **desestimado** el recurso, salvo en el supuesto previsto en el **artículo 24.1, tercer párrafo**.

3. Contra la resolución de un recurso de alzada **no cabrá ningún otro recurso administrativo, salvo** el recurso **extraordinario** de **revisión**, en los **casos** establecidos en el **artículo 125.1**.

Notas:

SECCIÓN 3.ª
RECURSO POTESTATIVO DE REPOSICIÓN

ARTÍCULO 123
OBJETO Y NATURALEZA

1. Los actos administrativos que pongan **fin a la vía administrativa** podrán ser recurridos **potestativamente** en **reposición** ante el **mismo órgano** que los hubiera dictado **o** ser im**pugnados directamente** ante el **orden jurisdiccional** contencioso-administrativo.

2. No se podrá interponer **recurso contencioso-administrativo hasta** que sea **resuelto expresamente** o se haya producido la **desestimación presunta** del **recurso** de **reposición interpuesto**.

ARTÍCULO 124
PLAZOS

1. El **plazo** para la interposición del recurso de reposición será de **1 mes**, si el acto fuera **expreso**. **Transcurrido** dicho plazo, **únicamente** podrá interponerse **recurso contencioso-administrativo**, **sin perjuicio**, en su caso, de la procedencia del recurso **extraordinario** de **revisión**.

Si el acto **no fuera expreso**, el solicitante y otros posibles interesados podrán interponer recurso de reposición **en cualquier momento** a partir del día siguiente a aquel en que, de acuerdo con su normativa específica, se produzca el acto presunto.

2. El **plazo máximo** para **dictar** y **notificar** la **resolución** del recurso será de **1 mes**.

3. Contra la resolución de un recurso de reposición **no podrá interponerse** de nuevo **dicho recurso**.

SECCIÓN 4.ª
RECURSO EXTRAORDINARIO DE REVISIÓN

ARTÍCULO 125
OBJETO Y PLAZOS

1. Contra los **actos firmes en vía administrativa** podrá interponerse el recurso extraordinario de revisión **ante el órgano administrativo que los dictó**, que **también** será el **competente** para su **resolución**, cuando concurra alguna de las **circunstancias** siguientes:

A) Que al **dictarlos** se hubiera **incurrido** en **error de hecho**, que resulte de los propios documentos incorporados al expediente.

B) Que aparezcan **documentos** de **valor esencial** para la resolución del asunto que, aunque sean posteriores, **evidencien el error de la resolución** recurrida.

C) Que en la resolución hayan **influido esencialmente documentos** o **testimonios** declarados **falsos** por **sentencia judicial firme, anterior o posterior a aquella resolución**.

D) Que la resolución se hubiese **dictado** como **consecuencia** de **prevaricación, cohecho, violencia, maquinación fraudulenta u otra conducta punible** y se haya **declarado** así en virtud de **sentencia judicial firme**.

2. El recurso extraordinario de revisión se interpondrá, cuando se trate de la **causa a)** del apartado anterior, dentro del plazo de **4 años siguientes** a la fecha de la notificación de la resolución impugnada. En los **demás casos**, el plazo será de **3 meses** a contar desde el conocimiento de los documentos o desde que la sentencia judicial quedó firme.

3. Lo establecido en el presente artículo **no perjudica el derecho** de los **interesados** a formular la **solicitud** y la **instancia** a que se refieren los **artículos 106 y 109.2** de la presente Ley **ni su derecho** a que las mismas **se sustancien y resuelvan**.

ARTÍCULO 126
RESOLUCIÓN

1. El **órgano** competente para la resolución del recurso podrá **acordar motivadamente** la **inadmisión a trámite**, sin necesidad de recabar dictamen del Consejo de Estado u órgano consultivo de la Comunidad Autónoma, **cuando** el mismo **no se funde** en alguna de las **causas previstas** en el **apartado 1** del artículo anterior o en el supuesto de que se hubiesen **desestimado** en cuanto al **fondo otros** recursos **sustancialmente iguales**.

2. El órgano al que corresponde conocer del recurso extraordinario de revisión **debe pronunciarse** no solo **sobre** la **procedencia** del recurso, sino **también**, en su caso, sobre el **fondo de la cuestión** resuelta por el acto recurrido.

3. Transcurrido el plazo de **3 meses** desde la interposición del recurso extraordinario de revisión sin haberse dictado y notificado la resolución, **se entenderá desestimado**, quedando **expedita** la **vía jurisdiccional contencioso-administrativa**.

Notas:

TÍTULO

06

De la iniciativa legislativa y de la potestad
para dictar reglamentos y otras disposiciones

ARTÍCULO 127
INICIATIVA LEGISLATIVA Y POTESTAD PARA DICTAR NORMAS CON RANGO DE LEY

El **Gobierno de la Nación** ejercerá la iniciativa legislativa prevista en la Constitución mediante la **elaboración** y **aprobación** de los **anteproyectos** de **Ley** y la **ulterior remisión** de los **proyectos de ley a las Cortes Generales**.

La iniciativa legislativa se ejercerá por los **órganos de gobierno de las Comunidades Autónomas** en los términos establecidos por la Constitución y sus respectivos Estatutos de Autonomía.

Asimismo, el **Gobierno de la Nación** podrá aprobar **reales decretos-leyes** y **reales decretos legislativos** en los términos previstos en la Constitución. Los respectivos **órganos de gobierno de las Comunidades Autónomas** podrán aprobar **normas equivalentes** a aquellas en su ámbito territorial, de conformidad con lo establecido en la Constitución y en sus respectivos Estatutos de Autonomía.

ARTÍCULO 128
POTESTAD REGLAMENTARIA

1. El ejercicio de la **potestad reglamentaria** corresponde al Gobierno de la **Nación**, a los órganos de Gobierno de las **Comunidades Autónomas**, de conformidad con lo establecido en sus respectivos Estatutos, y a los órganos de gobierno **locales**, de acuerdo con lo previsto en la Constitución, los Estatutos de Autonomía y la Ley 7/1985, de 2 de abril, reguladora de las Bases del Régimen Local.

2. Los **reglamentos** y **disposiciones administrativas no podrán vulnerar** la **Constitución** o las **leyes ni regular** aquellas **materias** que la Constitución o los Estatutos de Autonomía **reconocen** de la competencia de las **Cortes Generales o** de las **Asambleas Legislativas** de las Comunidades Autónomas. Sin perjuicio de su **función** de **desarrollo o colaboración** con respecto a la ley, no podrán **tipificar delitos**, **faltas** o **infracciones** administrativas, **establecer penas** o **sanciones**, así como **tributos**, **exacciones parafiscales** u **otras cargas** o **prestaciones** personales o patrimoniales de **carácter público**.

3. Las **disposiciones administrativas** se **ajustarán** al **orden** de **jerarquía** que establezcan las leyes. **Ninguna disposición administrativa** podrá **vulnerar** los **preceptos** de **otra** de **rango superior**.

Notas:
_____
_____
_____
_____
_____
_____
_____

ARTÍCULO 129
PRINCIPIOS DE BUENA REGULACIÓN

*1. *En el* **ejercicio** *de la* **iniciativa legislativa y la potestad reglamentaria**, *las Administraciones Públicas actuarán de acuerdo con los* **principios** *de necesidad, eficacia, proporcionalidad, seguridad jurídica, transparencia, y eficiencia. En la* **exposición de motivos** *o en el* **preámbulo**, *según se trate, respectivamente, de anteproyectos de ley o de proyectos de reglamento, quedará* **suficientemente justificada** *su* **adecuación** *a dichos principios.*

*2. *En virtud de los principios de necesidad y eficacia, la iniciativa normativa debe estar* **justificada** *por una razón de interés general, basarse en una* **identificación clara** *de los fines perseguidos y ser el* **instrumento más adecuado** *para garantizar su consecución.*

*3. *En virtud del principio de* **proporcionalidad**, *la iniciativa que se proponga deberá* **contener** *la* **regulación imprescindible** *para atender la necesidad a cubrir con la norma, tras constatar que no existen otras medidas menos restrictivas de derechos, o que impongan menos obligaciones a los destinatarios.*

*4. *A fin de garantizar el principio de* **seguridad jurídica**, *la iniciativa normativa se ejercerá de manera coherente con el resto del ordenamiento jurídico, nacional y de la Unión Europea, para generar un marco normativo* **estable, predecible, integrado, claro** *y de* **certidumbre**, *que facilite su* **conocimiento** *y* **comprensión** *y, en consecuencia, la* **actuación** *y* **toma de decisiones** *de las personas y empresas.*

Cuando en materia de procedimiento administrativo la iniciativa normativa establezca **trámites adicionales o distintos** a los contemplados en esta Ley, estos deberán ser **justificados atendiendo** a la **singularidad** de la materia **o** a los **fines** perseguidos por la propuesta.

Las **habilitaciones** para el **desarrollo reglamentario de una ley** serán conferidas, con **carácter general**, al Gobierno ~~o Consejo de Gobierno respectivo~~. La **atribución directa** a los **titulares** de los departamentos ministeriales ~~o de las consejerías del Gobierno~~, **o a otros órganos dependientes** o **subordinados** de ellos, tendrá **carácter excepcional** y deberá justificarse en la **ley habilitante**.

Las leyes podrán **habilitar directamente** *a* **Autoridades Independientes u otros organismos** *que tengan atribuida esta potestad para aprobar normas en desarrollo o aplicación de las mismas, cuando* **la naturaleza** *de la materia así* **lo exija**.

*5. *En aplicación del principio de* **transparencia**, *las Administraciones Públicas* **posibilitarán** *el* **acceso sencillo, universal** *y* **actualizado** *a la normativa en vigor y los documentos propios de su proceso de elaboración, en los términos establecidos en el artículo 7 de la Ley 19/2013, de 9 de diciembre, de transparencia, acceso a la información pública y buen gobierno;* **definirán claramente** *los* **objetivos** *de las iniciativas normativas y su justificación en el preámbulo o exposición de motivos; y* **posibilitarán** *que los potenciales destinatarios tengan una* **participación activa** *en la elaboración de las normas.*

*6. *En aplicación del principio de* **eficiencia**, *la iniciativa normativa debe* **evitar cargas** *administrativas* **innecesarias** *o* **accesorias y racionalizar**, *en su aplicación, la* **gestión** *de los* **recursos** *públicos.*

*7. *Cuando la iniciativa normativa afecte a los* **gastos o ingresos** *públicos presentes o futuros, se deberán* **cuantificar y valorar** *sus repercusiones y efectos, y* **supeditarse** *al cumplimiento de los principios de* **estabilidad presupuestaria y sostenibilidad financiera**.

*NOTA: Ver STC 55/2018, de 24 de mayo.

ARTÍCULO 130
EVALUACIÓN NORMATIVA Y ADAPTACIÓN DE LA NORMATIVA VIGENTE A LOS PRINCIPIOS DE BUENA REGULACIÓN

*1. *Las Administraciones Públicas* **revisarán periódicamente** *su* **normativa vigente** *para adaptarla a los principios de buena regulación y para* **comprobar** *la* **medida** *en que las normas en vigor han* **conseguido** *los* **objetivos previstos** *y si estaba* **justificado** *y correctamente* **cuantificado** *el* **coste** *y las* **cargas** *impuestas en ellas.*

El resultado de la evaluación se plasmará en un **informe** *que se hará* **público**, *con el* **detalle**, **periodicidad** *y por el* **órgano** *que* **determine** *la* **normativa reguladora** *de la Administración correspondiente.*

*2. *Las Administraciones Públicas* **promoverán** *la* **aplicación** *de los* **principios** *de* **buena regulación** *y cooperarán para* **promocionar** *el* **análisis económico** *en la* **elaboración de las normas** *y, en particular, para* **evitar** *la* **introducción** *de* **restricciones injustificadas** *o* **desproporcionadas a la actividad económica**.

*NOTA: Ver STC 55/2018, de 24 de mayo.

ARTÍCULO 131
PUBLICIDAD DE LAS NORMAS

Las normas con rango de **Ley,** los **reglamentos** y **disposiciones administrativas** habrán de publicarse en el **Diario oficial correspondiente** para que **entren** en **vigor** y **produzcan efectos jurídicos. Adicionalmente**, y de manera **facultativa**, las Administraciones Públicas podrán establecer **otros medios** de publicidad complementarios.

La **publicación** de los diarios o boletines oficiales en las **sedes electrónicas** de la Administración, Órgano, Organismo público o Entidad competente tendrá, en las condiciones y con las garantías que cada Administración Pública determine, los **mismos efectos** que los atribuidos a su **edición impresa**.

Notas:

_____

_____

_____

_____

La **publicación** del **«Boletín Oficial del Estado»** en la **sede electrónica** del Organismo competente tendrá **carácter oficial** y auténtico en las condiciones y con las garantías que se determinen reglamentariamente, derivándose de dicha publicación los efectos previstos en el título preliminar del Código Civil y en las restantes normas aplicables.

ARTÍCULO 132
PLANIFICACIÓN NORMATIVA

*1. Anualmente, las Administraciones Públicas harán público un **Plan Normativo** que contendrá las **iniciativas legales** o **reglamentarias** que vayan a ser elevadas para su aprobación en el **año siguiente**.

*2. Una vez **aprobado**, el Plan Anual Normativo se **publicará** en el **Portal** de la **Transparencia** de la **Administración** Pública **correspondiente**.

*NOTA: Ver STC 55/2018, de 24 de mayo.

ARTÍCULO 133
PARTICIPACIÓN DE LOS CIUDADANOS EN EL PROCEDIMIENTO DE ELABORACIÓN DE NORMAS CON RANGO DE LEY Y REGLAMENTOS

*1. Con carácter **previo** a la elaboración del **proyecto** o anteproyecto de ley o de reglamento, se sustanciará una consulta pública, a través del **portal** web de la **Administración competente** en la que se recabará la **opinión** de los sujetos y de las organizaciones más representativas potencialmente afectados por la futura norma acerca de:

A) Los problemas que **se pretenden solucionar** con la iniciativa.

B) La **necesidad** y **oportunidad de** su aprobación.

C) Los **objetivos** de la norma.

D) Las posibles **soluciones alternativas** regulatorias y no regulatorias.

*2. Sin perjuicio de la consulta previa a la redacción del texto de la iniciativa, cuando la norma **afecte a los derechos e intereses legítimos de las personas**, el centro directivo competente **publicará el texto en el portal web** correspondiente, con el objeto de dar **audiencia** a los ciudadanos afectados y **recabar** cuantas **aportaciones adicionales** puedan hacerse por otras personas o entidades. **Asimismo**, podrá también recabarse **directamente** la **opinión** de las **organizaciones** o **asociaciones reconocidas por ley** que agrupen o representen a las personas cuyos derechos o intereses legítimos se vieren afectados por la norma y cuyos **fines** guarden **relación directa** con su objeto.

*3. La consulta, audiencia e información públicas reguladas en este artículo deberán **realizarse de forma tal** que los **potenciales destinatarios** de la norma y quienes realicen aportaciones sobre ella tengan la **posibilidad de emitir su opinión**, para lo cual deberán ponerse **a su disposición** los **documentos necesarios**, que serán **claros**, **concisos** y reunir toda la **información precisa** para **poder pronunciarse** sobre la materia.

*4. Podrá prescindirse de los trámites de consulta, audiencia e información públicas previstos en este artículo en el caso de normas **presupuestarias** u **organizativas** de la Administración General del Estado, la Administración autonómica, la Administración local o de las organizaciones dependientes o vinculadas a estas, o cuando concurran **razones graves** de **interés público** que lo justifiquen.

*Cuando la propuesta normativa no tenga un **impacto significativo** en la actividad económica, **no imponga obligaciones relevantes** a los destinatarios o **regule** aspectos **parciales** de una materia, podrá omitirse la **consulta pública** regulada en el **apartado primero**. **Si la normativa reguladora** del **ejercicio** de la **iniciativa legislativa** o de la **potestad reglamentaria** por una Administración **prevé** la **tramitación urgente** de estos procedimientos, la **eventual excepción** del **trámite** por esta circunstancia **se ajustará** a lo previsto en aquella.*

*NOTA: Ver STC 55/2018, de 24 de mayo.

SIN
lluvia
no hay
FLORES

Notas:

Notas:

Notas:

Notas:

Notas: